Meus passos pelo
CAMINHO DE SANTIAGO DE COMPOSTELA
Em breve, os teus?

MARIO SIGNORINI

Meus passos pelo
CAMINHO DE SANTIAGO DE COMPOSTELA
Em breve, os teus?

Labrador

© Mario Signorini, 2024
Todos os direitos desta edição reservados à Editora Labrador.

Coordenação editorial Pamela J. Oliveira
Assistência editorial Leticia Oliveira, Jaqueline Corrêa
Direção de arte e capa Amanda Chagas
Projeto gráfico Marina Fodra
Diagramação Estúdio dS
Preparação de texto Priscila Pereira Mota
Revisão Eloiza Lopes

Dados Internacionais de Catalogação na Publicação (CIP)
Jéssica de Oliveira Molinari - CRB-8/9852

Signorini, Mario
　　Meus passos pelo Caminho de Santiago da Compostela. Em breve, os teus? / Mario Signorini.
　　São Paulo : Labrador, 2024.
　　118 p. : il, color.

　　ISBN 978-65-5625-597-2

　　1. Santiago de Compostela (Espanha) - Descrições e viagens
　　I. Título

24-2129　　　　　　　　　　　　　　　　　　　　CDD 910.4

Índice para catálogo sistemático:
1. Santiago de Compostela (Espanha) - Descrições e viagens

Labrador

Diretor-geral Daniel Pinsky
Rua Dr. José Elias, 520, sala 1
Alto da Lapa | 05083-030 | São Paulo | SP
contato@editoralabrador.com.br | (11) 3641-7446
editoralabrador.com.br

A reprodução de qualquer parte desta obra é ilegal e configura uma apropriação indevida dos direitos intelectuais e patrimoniais do autor. A editora não é responsável pelo conteúdo deste livro. O autor conhece os fatos narrados, pelos quais é responsável, assim como se responsabiliza pelos juízos emitidos.

À minha esposa, Jacqueline,
minha eterna incentivadora e
inspiradora, a qual me "empurrou"
para realizar este Caminho.
À nossa filha, Sofia, estudiosa,
dedicada, concentrada, sempre feliz,
que me apoiou nesta realização e
aceitou o desafio de caminhar conosco.
A todos os anjos, amigos e
parceiros do Caminho.
A todos que me encorajaram.
Ao Espírito do Caminho.
A Deus.

SUMÁRIO

UM POUCO DA MINHA HISTÓRIA — 9

NO CAMINHO DE
SANTIAGO DE COMPOSTELA — 15

PREPARATIVOS — 109

COMPLEMENTO — 115

CUSTOS — 116

DEPOIS DO CAMINHO — 117

UM POUCO DA MINHA HISTÓRIA

NO HOSPITAL

Acordei bem cedo naquela manhã de quarta-feira em uma das salas de UTI do Hospital Beneficência Portuguesa, em São Paulo/SP, Brasil. Melhor dizendo, praticamente nem dormi durante toda a noite e a madrugada anteriores, ansioso com a possibilidade de receber alta da UTI, após os dois dias que haviam se passado desde que eu realizara – em 15 de julho de 2013 – um procedimento cirúrgico de revascularização cardíaca, implantando uma ponte de safena e uma mamária. O peito, aberto pela cirurgia, doía muito, mas eu não via a hora de começar minha recuperação, no quarto, e voltar para casa o mais breve possível. Graças a Deus, à competência da equipe do Dr. Sérgio Almeida de Oliveira, cirurgião cardíaco, e às orações de meus familiares e amigos, o pós-operatório evoluía muito bem, e eu também.

Após algumas "idas e vindas", fui liberado para ser transferido para o quarto, onde eu teria a companhia de minha esposa, musa inspiradora e grande incentivadora, Jacqueline. Lá, eu começaria a minha recuperação visando retornar para nossa casa e, se possível, à vida "normal". Mas antes, nesse primeiro dia no quarto, eu teria que permanecer deitado, sem me levantar para nada. Uma tarefa extremamente árdua e muito penosa.

Com muita dificuldade, consegui atender a essa determinação médica e, no dia seguinte, recebi a orientação de me levantar. Na verdade, quase uma ordem, mas que cumpri com muita alegria, embora também com muito receio de não conseguir permanecer em pé, pelas dores decorrentes da cirurgia e por me sentir debilitado fisicamente. Por fim, me levantei e consegui permanecer em pé. Mas não fiquei estático por muito tempo, pois logo iniciei a fisioterapia, caminhando primeiro pelo quarto e depois pelos corredores do hospital. Até esse dia, nunca tinha andado tanto! Creio que andei mais naqueles corredores do que em toda a minha vida até então. Era muito desafiador, pois havia também as dores na perna de onde foi retirada a safena, e no peito, o qual foi aberto, o osso esterno serrado e grampeado, após serem implantadas as pontes, além dos pontos que foram feitos no corte da cirurgia. Tudo era extremamente dolorido, como podem imaginar e como bem sabem aqueles que já passaram por procedimentos similares.

Foi nesse período que conheci o meu grande amigo do peito, o travesseiro. Sempre que precisava me levantar, quando sentado ou deitado, bem como espirrar ou tossir, abraçava-o, bem forte, para resistir à imensa dor no peito. Ele sempre estava comigo nessas horas, ajudando a reduzir minhas dores. Além da minha esposa e da nossa filha, esse foi o meu grande companheiro nos primeiros trinta dias do pós-operatório, tempo em que as dores eram muito intensas. Obviamente, eu sempre preferia a ajuda e o apoio da minha esposa para me levantar, abraçando-a e dispensando, assim, o travesseiro.

Depois de três dias no quarto, "caminhando" diariamente, tive alta e pude retornar para casa, para o convívio da minha esposa e da nossa filha, na época com 6 anos de idade.

Recebi algumas orientações e recomendações dos médicos, com relação à dieta e eventuais exageros alimentares, mas, principalmente, em meu caso, quanto a caminhar diariamente pelo menos um pouco, com a meta de, em um mês, estar caminhando ao menos uma hora diária.

Pensei: "nunca caminhei em minha vida, imagine com dores… Mas vou tentar".

Em um mês, estava eu caminhando, na esteira em casa, por uma hora diariamente.

ANTECEDENTES

Nunca fui atleta. Fui fumante, sedentário e por toda a minha vida me dediquei a atividades laborais estressantes. Trabalhava todos os dias, incluindo finais de semana e feriados, em qualquer horário, sem receber horas extras, e além disso não tive uma alimentação regrada e saudável.

Traduzindo: eu não fazia nenhuma atividade física, fumava muito e passava o dia todo praticamente sem me alimentar ou comendo biscoitos e tomando café, em reuniões estressantes, com inúmeras responsabilidades, em contato permanente com profissionais de todo o Brasil, em todos os dias e horários, em um jogo bem desgastante de poder. Tinha tudo para não dar certo com a saúde. E não deu.

Depois de cinquenta e um anos de trabalho, pois comecei a trabalhar com meu pai aos 7 anos de idade, e de quase quarenta anos de tempo de trabalho profissional, sendo trinta e quatro anos na mesma empresa, certo dia "chutei o balde": juntei minhas carteiras de trabalho e pedi minha aposentadoria.

Eu estava com 58 anos quando decidi me aposentar. Decisão esta tomada em conjunto com minha esposa e bem acertada, pois, caso eu seguisse trabalhando, certamente não estaria aqui, neste mundo, nem teria vivido a enorme experiência aqui narrada.

Ao "chutar o balde", minha pressão arterial ficou acima do aceitável e, mesmo fazendo uso de medicamentos, não voltou ao normal.

Meu médico cardiologista, Dr. Wilson Salgado, que já tinha tratado do meu pai e conhecia meu histórico de saúde e familiar, resolveu solicitar um cateterismo.

Resultado: duas coronárias obstruídas, no trecho inicial, quase em sua totalidade. Estava eu na iminência de um infarto que, segundo os médicos que me avaliaram, só me levaria, caso ocorresse a dois caminhos: a um transplante de coração ou diretamente ao cemitério. Não haveria outra alternativa. A colocação de *stents*, pelas características das obstruções, na época, era inviável. Restava apenas a revascularização, com a implantação de pontes de safena ou mamária. Esse procedimento deveria ser executado com urgência e assim foi feito. Pouco tempo depois, estava eu na mesa de cirurgia.

RECUPERAÇÃO

Após a cirurgia, o retorno para casa, as caminhadas diárias e uma alimentação mais saudável e regrada, retornei à "vida normal"? Claro que não. Nunca mais retornaria ao normal de antes. Aliás, se eu tivesse permanecido naquele "normal", estaria morto. Agora, aposentado, sem o estresse da vida profissional e com todas as mudanças efetuadas, estava eu me preparando, talvez tardiamente, para uma nova vida.

Muitos anos atrás, quando eu fazia meu mestrado no Instituto Alberto Luiz Coimbra de Pós-Graduação e Pesquisa de Engenharia da Universidade Federal do Rio de Janeiro (COPPE – UFRJ), ouvi falar sobre o Caminho de Santiago de Compostela, na Espanha. Naquela época, eu estava com 39 anos, bem mais novo do que em 2013, porém não tinha tempo para fazer o Caminho. Nem férias eu conseguia tirar, como poderia ficar cerca de trinta dias fora de casa e caminhando? Mas pensei: "Quem sabe um dia?".

Depois, com os anos passando, ainda sem ter como tirar esse período de férias para fazer o Caminho, julguei não ter mais idade, nem saúde, para me aventurar por 800 km, caminhando por cerca de trinta dias seguidos ou cerca de quinze dias de bicicleta. Fui desistindo da ideia, até esquecê-la.

Mas minha esposa fez questão de me lembrar. Afinal, agora, o tempo não seria mais o problema. Eu "só" teria que melhorar meu condicionamento físico.

"Que tal ir para uma academia?", ela me sugeriu.

Considerando que em casa eu já estava caminhando um pouco todos os dias, na academia, com treinamento funcional, eu poderia melhorar em vários outros aspectos o meu preparo físico, inclusive na caminhada. E lá fui eu!

Inicialmente, eu tinha como objetivos poder amarrar o meu tênis, coçar as costas, melhorar as dores na coluna e caminhar um pouco mais e melhor.

Durante um pouco menos da metade do ano de 2014 e cerca de sete meses do ano de 2015, ou seja, por aproximadamente um ano, tive um excelente assessoramento e treinamento do Studio Saúde e do seu corpo técnico. E, já em agosto de 2015, viajei para Saint-Jean-Pied-de-Port, na França, para iniciar meu primeiro Caminho de Santiago de Compostela.

Claro que foi um ano inteiro de estudos, planejamento e preparação para poder realizar esse feito, que relato a seguir.

As informações sobre os estudos, o planejamento e a minha preparação seguem após os relatos.

NO CAMINHO DE SANTIAGO DE COMPOSTELA

Fiz o chamado Caminho Francês de Santiago[1] com 60 anos, no período de 27 de agosto a 29 de setembro de 2015, em 34 dias, saindo de Saint-Jean-Pied-de-Port, na França, até Santiago de Compostela, na Espanha. Foram cerca de 800 km em 34 dias, sendo 33 dias andando e 1 dia aguardando em Sarria, na Galícia, a chegada de minha esposa e nossa filhinha, então com 8 anos de idade, que estavam vindo do Brasil para percorrermos juntos os últimos 120 km, aproximadamente.

Visando ser útil para quem pretende ir, ou retornar, ao Caminho de Santiago de Compostela, nestes relatos incluí algumas informações e, sempre que possível, fotos da jornada diária no Caminho, bem como algumas orientações relacionadas com o planejamento, os equipamentos, as roupas, a logística, os documentos e outros itens que fizeram parte dos preparativos para este meu Caminho. Muito obrigado por me acompanhar com sua leitura.

Buen Camino[2] a todos e todas.

---

1 Caminho Francês de Santiago é o Caminho de Santiago de Compostela que se inicia em Saint-Jean-Pied-de-Port (SJPP), na França, atravessa os Pirineus, pela Rota de Napoleão, entrando na Espanha para chegar a Santiago de Compostela. Há também o Caminho Português de Santiago, que sai de Portugal até Santiago de Compostela, o Caminho Primitivo, o Caminho do Norte, entre outros. Antigamente, quando da descoberta do túmulo de São Tiago Maior, em Compostela, os peregrinos saíam de seus locais de moradia e rumavam até o local onde hoje está a Catedral, por esse motivo é que existem caminhos (rotas) diferentes, que partem de vários países.

2 "Buen Camino", expressão utilizada por todos os peregrinos, independentemente do seu idioma de origem, e que significa "Bom caminho". Sempre que os peregrinos se encontram, passam um pelo outro ou se cumprimentam, desejam-se, mutuamente, "Buen camino". Também utilizada pelos comerciantes e moradores ao desejarem um bom caminho aos peregrinos.

ETAPAS DO MEU CAMINHO – REGISTRO FEITO NO APP CAMINO PILGRIM.

EM 25.08.2015

Embarquei para Madri, Aeroporto de Barajas, no voo IB 6824, da Iberia, às 15h10min, no Aeroporto de Guarulhos, SP, Brasil. Esse voo teve 10 horas e 10 minutos de duração.

Comprei o bilhete com conexão para Pamplona, na Espanha, de onde seguiria viagem, de táxi, para Saint-Jean-Pied-de-Port, na França.

Despachei minha mochila, com todos os pertences, acondicionada em filme plástico, visando sua total proteção, inclusive das presilhas plásticas, etiquetando-a com informações de endereçamento para o caso de extravio.

Como bagagem de mão, utilizei uma pequena valise, bem leve, onde acondicionei a documentação necessária para o embarque e para a imigração, além de um agasalho.

A chegada em Madri estava prevista para as 06h20min do dia 26 de agosto.

Durante o voo, revi meu planejamento para o Caminho nos aplicativos instalados no celular, bem como nos demais documentos e guias que eu havia digitalizado.

Aproveitei para tentar relaxar um pouco, apesar de quase não conseguir.

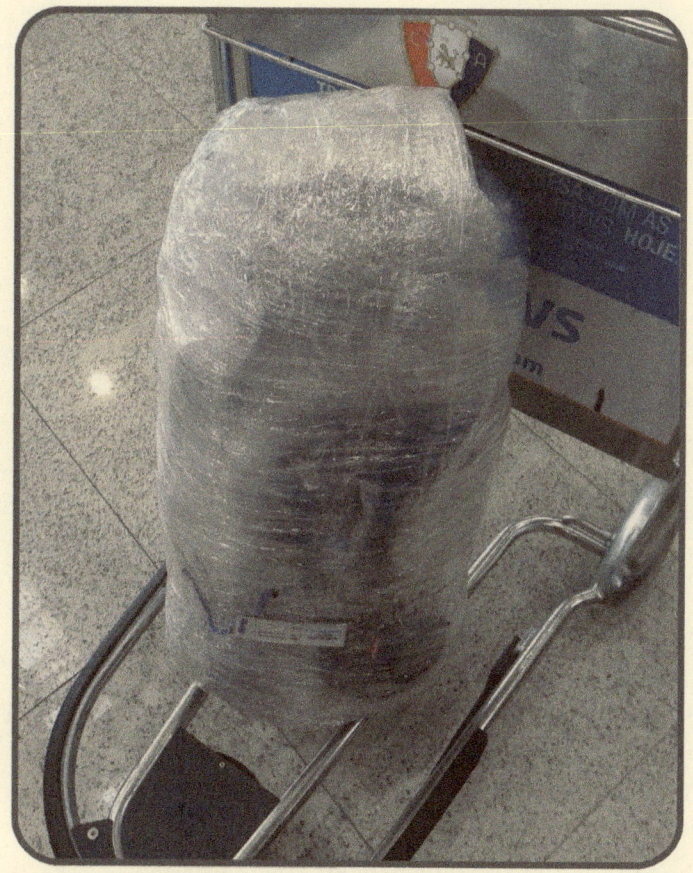

MINHA MOCHILA EMBALADA COM PLÁSTICO
E IDENTIFICADA PARA SER DESPACHADA.

EM 26.08.2015

No dia anterior, no embarque em São Paulo, conheci o Marco Antônio, que também foi fazer o Caminho Francês, juntamente com seu pai, o Túlio (*in memoriam*), na ocasião com 82 anos de muita vitalidade e otimismo. Viajamos no mesmo voo para Madri.

Chegamos em Madri dentro do horário previsto.

Na imigração, estava eu munido de vários documentos que poderiam ser solicitados, como: passaporte, passagens, seguro saúde, reservas de hotel para o início e o final do Caminho, certificado de vacinação, cartões de crédito e débito, dinheiro, Credencial de Peregrino[3], entre outros. Porém, ao agente da imigração, apresentei apenas o passaporte, as passagens e a Credencial de Peregrino. Foi o suficiente para liberar a minha entrada na Espanha sem outros questionamentos.

Precisava de um chip (*tarjeta*, em Espanhol) local para o meu celular, mas, como não encontrei um lugar onde comprá-lo e como eu tinha despachado a minha mochila direto para Pamplona, apenas embarquei na aeronave que seguiria então para esse destino e que decolou com um pequeno atraso. Finalmente comprei o chip em Pamplona, mas só na volta de Saint-Jean-Pied-de-Port (SJPP), ou seja, apenas no terceiro dia de caminhada.

No voo, ouvi alguns brasileiros conversando sobre a travessia dos Pirineus. Dois peregrinos, que já tinham feito o Caminho, falavam das dificuldades e recomendavam sair de Roncesvalles. Conversei com um deles, meu amigo Esio, e confesso que fiquei preocupado. Como seria para mim essa travessia?

Fui, de Pamplona para SJPP, de táxi, o qual eu já tinha reservado anteriormente daqui do Brasil. Infelizmente, não consegui ninguém para dividir essa despesa comigo.

Do táxi, creio que influenciado pelos comentários que tinha ouvido, minha primeira visão dos Pirineus foi quase desesperadora.

Em SJPP, fiquei andando por cerca de quatro horas, pois o albergue que eu tinha reservado só abriria mais tarde. Aproveitei para comprar meus bastões de caminhada, um chapéu, minha vieira[4] e um guia, apesar de ter alguns Apps e guias em meu celular.

---

3 A Credencial de Peregrino é um documento, um dos símbolos do Caminho de Santiago, que se assemelha a um passaporte, no qual é identificado o seu portador (peregrino) e lhe permite o acesso aos albergues do Caminho. Nesse documento, são registradas, através de carimbos, todas as localidades visitadas ou frequentadas pelo peregrino, atestando, portanto, sua peregrinação.

4 A vieira, um dos símbolos do Caminho, que vem desde a era medieval, é muito utilizada pendurada ao pescoço, presa nas costas, nas mochilas ou as vestes, para facilmente identificar o peregrino.

Após ter almoçado e me alojado no albergue, fui até a Oficina dos Peregrinos, juntamente com o Marco Antônio e o Túlio, carimbei minha credencial, peguei o mapa da primeira etapa, dos Pirineus, e recebi as orientações do atendente.

Depois, caminhando pela cidade para conhecermos onde iniciaríamos o Caminho no dia seguinte, pela Rota de Napoleão, nos encontramos com o Padre Xico, nosso amigo Francisco, que eu já tinha contatado no Brasil.

Os três, o Marco Antônio, o Túlio e o Padre Francisco (Xico), foram alguns dos anjos que muito me ajudaram no meu Caminho. Vocês saberão os porquês. Outros anjos irão aparecer nessa minha jornada.

Após a caminhada, fui descansar. O dia seguinte me reservava muitas emoções.

EU EM SAINT-JEAN-PIED-DE-PORT.

27.08.2015 – ETAPA 1 – SJPP/ESPINAL – 32,1 km[5]

Acordei, no Albergue Gite Ultreia, por volta das 06h30min e, após o *petit déjeuner* (café da manhã), iniciei às 07h30min minha primeira etapa do Caminho Francês, pela Rota de Napoleão.

Logo mais adiante, cerca de 500 metros, já começava a me questionar sobre o peso da mochila e sobre se teria condições físicas de ir até o final do Caminho. Dias depois, muitos quilômetros adiante, entendi que esses meus questionamentos iniciais eram decorrentes de todo o meu histórico anterior, do cansaço da viagem e da ansiedade natural diante do desconhecido.

Com cerca de 2 km de caminhada, quando parei para recuperar o fôlego, encontrei o Marco Antônio e o Túlio, que seguiram à minha frente.

Em Huntto, parei para degustar um café e beber um pouco de água. Lá encontrei-me com o Padre Xico, novamente com meus dois amigos e com um casal de ciclistas gaúchos. Esses dois últimos eu nunca mais voltei a ver depois desse local, infelizmente. Gostaria de ter registrado suas informações de contato. Se alguém puder me ajudar a encontrá-los, eu agradeço. Vou pedir esse favor em várias ocasiões nestes meus relatos e sugiro que não percam a oportunidade de registrar os contatos das pessoas que conhecerem no Caminho. Poderão nunca mais vê-las.

A partir desse local, nessa etapa, também não encontrei mais com meus amigos.

Em Orisson, 7,4 km de caminhada, parei para lanchar, saboreando um delicioso sanduíche de presunto cru com queijo, chamado na Espanha de *bocadillo de jamón y queso*. Queria muito beber uma cerveja, pois já estava precisando, mas fiquei com um refrigerante e

---

5   A distância entre a primeira e a segunda localidade da Etapa é basicamente a distância oficial que consta em vários Apps disponíveis sobre o Caminho de Santiago e, normalmente, utilizada pela Catedral de Santiago de Compostela, quando da emissão da Compostela, que é um documento oficial que atesta que o peregrino concluiu o Caminho de Santiago, bem como do Certificado de Distância Percorrida.

uma água com gás. Até aqui eu já tinha caminhado por 04h30min, na "excelente" (contém ironia) média de 1,6 km/h.

Após o lanche, continuei subindo nessa travessia dos Pirineus, curtindo a paisagem, tirando algumas fotos e, principalmente, aumentando os meus questionamentos sobre o peso da mochila e o meu preparo físico. Essa etapa é muito dura, mas muito gratificante.

Parei para descansar novamente, nas imediações da imagem da Virgem Biakorri, na altura do km 11,2. Faltavam ainda mais cerca de 15 km até a próxima localidade, Roncesvalles.

O vento estava muito forte, apesar das previsões de tempo, e a caminhada havia ficado muito mais difícil. Pensei muitas vezes em retornar.

Pedi, insistentemente, a Deus, que me "enviasse" uma "carona", pois ainda estava caminhando na estrada. Em certo momento, passou um carro ao meu lado e parou. Eu pedi que me levasse até Roncesvalles. Eu iria abreviar esse trecho, mas continuaria, no dia seguinte, meu Caminho.

Era um casal de suíços, que nunca mais vi, e que gostaria muito de poder agradecer, pois foram também anjos nesse meu Caminho. Esse casal, num Peugeot 3008, branco, me levou, por cerca de 300 metros, até o local onde o Caminho continua à direita, na altura de Col de Bentarte, deixando de seguir a estrada. Ali, me abasteceram com água, me deram, acreditem, uma cerveja gelada, me indicaram por onde continuar e me desejaram *Buen Camino*. Foram embora e eu segui adiante, a pé, sem discutir com Deus. Não tenho esse costume.

Mas a jornada continuava dura.

Muitos quilômetros à frente, no Abrigo Izandorre, eu já esgotado, entrei e decidi parar ali até o dia seguinte. Estava apenas analisando a situação e, no momento em que iria tirar a mochila e estender o meu saco de dormir, apareceu um casal de "peregrinos" na porta do abrigo e a mulher me disse: "Falta apenas uma hora, não é mesmo?".

Eu parei, olhei para eles e respondi com a cabeça que sim. E eles continuaram.

Você sabe em que língua eles falaram comigo? Nem eu.

Saí do abrigo para seguir com eles. Não estavam lá. Nunca mais os vi durante todo o Caminho. Creio que esses eram anjos verdadeiros. Coisas do Caminho!

Cheguei em Roncesvalles às 21h40min, faminto, depois de 14h10min de jornada.

Tinha que escolher entre ir para o albergue, que fecharia às 22h00min, ou ir jantar. Decidi ir jantar. Depois resolveria onde e como dormir.

Fui ao La Posada, hotel e restaurante, e perguntei sobre o jantar e uma vaga para dormir. Mas estavam lotados e eu só conseguiria jantar. E foi o que fiz. Meu primeiro "Menu do Peregrino"[6], com o meu primeiro vinho no Caminho. Estava tudo muito delicioso.

Após o jantar, o proprietário do La Posada conseguiu uma vaga para mim em Espinal, cerca de 6 km adiante, me deu algumas frutas e um suco, para servir de café da manhã no dia seguinte, e me levou de carro até lá. Mais um anjo que conheci no Caminho.

Após me alojar em Espinal, fiz o meu primeiro contato desse dia com a minha família, tomei um belo de um banho e fui dormir.

Não tinha a menor ideia de como seria o dia seguinte.

---

[6] O Menu do Peregrino é composto de um primeiro prato, com variadas opções, um segundo prato, também com variadas opções (sendo possível, se desejar, repetir seu primeiro prato), pão, água, vinho e, em alguns locais, um cafezinho. Tudo muito farto e relativamente barato. Atualmente, cerca de 13 euros.

NOS PIRINEUS, NA ALTURA DE COL DE BENTARTE.

28.08.2015 – ETAPA 2 –
ESPINAL/ZUBIRI – 15 km

Depois de uma noite de sono restaurador, com as pernas untadas de gel de arnica para aliviar as dores musculares, acordei tarde, próximo das 11h30min. Perdi a hora.

Consegui fazer contato com o Xico, via WhatsApp, usando o wi-fi da pousada, e descobri que ele estava próximo a Espinal. Tínhamos perdido a hora, o vento de cerca de 70 km/h nos Pirineus havia sido muito fatigante.

Meus amigos, Marco Antônio e seu pai, Túlio, já estavam à frente.

Seguimos, eu e o Xico, para Zubiri, aonde chegaríamos por volta das 20h00min, mas com o dia claro ainda.

O dia estava muito quente e bebíamos muita água.

Encontramos com duas brasileiras, cujos nomes não sei, nem de onde são, infelizmente. Novamente peço ajuda para fazer contato com elas, caso alguém consiga identificá-las.

Paramos para almoçar em Lintzoain, se não estou enganado (me ajuda aí, Xico). Almoçamos carne com tomate, eu bebi vinho, e o Xico, um refrigerante. Após o almoço, ganhamos, cada um, uma garrafa de água e seguimos adiante.

Nessa etapa enfrentamos algumas subidas e descidas. Após o Alto do Erro, o trecho foi de muitas descidas, com forte inclinação.

Poucos quilômetros antes de Zubiri, sentado confortavelmente ao lado do caminho, encontramos um jovem fazendo propaganda de um albergue, lá mesmo em Zubiri. Bons preços, boas ofertas nos lanches e na lavagem e secagem de roupas e com a primeira cerveja grátis. Passamos essa noite lá.

Logo entrando em Zubiri, já sem água para beber, encontramos dois peregrinos brasileiros que eu já tinha conhecido em SJPP. O Mário e o Herman, que é uruguaio, mas brasileiro de adoção. Alguns dias depois, iria descobrir que eles seriam mais dois anjos para mim no Caminho. Hoje, grandes amigos.

Após tomar banho, lavar e secar as roupas, lanchar, tomar um Dorflex® e fazer contato com a família, fui dormir. Precisava de um bom sono e o descanso necessário para o próximo dia.

Eu já tinha decidido que no dia seguinte despacharia a mochila para o albergue em Pamplona e carregaria comigo apenas o indispensável para a etapa. Afinal, eu é quem estava fazendo o Caminho, não a minha mochila.

Como estava muito cansado, me preocupava com o dia seguinte.

SINALIZAÇÃO FEITA COM PEDRAS, POR PEREGRINOS OU MORADORES, INDICANDO PARA ONDE SEGUIR. MUITO COMUM NO CAMINHO.

29.08.2015 – ETAPA 3 – ZUBIRI/PAMPLONA – 20,3 km

Dormimos no Albergue Suseia, em Zubiri, e saímos por volta das 08h00min, rumo a Pamplona.

Fiz esta etapa em companhia do Xico. Desde a metade da etapa de ontem eu não tinha visto mais as duas brasileiras. O Marco Antônio e o Túlio estavam alguns quilômetros à nossa frente. Não encontramos novamente com o Mário e o Herman. Eu só iria encontrá-los novamente em Burgos.

Este dia também estava muito quente e bebíamos muita água.

Paramos para lanchar e não almoçamos, mas nos alimentamos bem e bebemos muito líquido.

Algumas subidas e descidas nessa etapa e bastante calor, como eu descobriria mais tarde, seria rotina em todo o Caminho.

Chegamos em Pamplona após cerca de 08h30min de caminhada e nos alojamos no Albergue Municipal Jesus e Maria. Muito bom e bem localizado.

Após o banho, saí em busca de um chip (*tarjeta* em espanhol) para o meu celular. Procurei em vários locais, sempre pedindo informações aos lojistas e moradores, até que, em uma loja de acessórios e capas para telefones celulares, encontrei. Comprei um chip da Orange, uma Tarjeta Ballena, por 10 euros, com direito a algumas ligações locais e 2 GB de internet por um mês. Mais do que suficiente para o que pretendia, visto que em todos os albergues em que estive pude utilizar o wi-fi gratuitamente. Agora eu poderia me comunicar com minha família e com os amigos peregrinos em qualquer momento da etapa.

Meu jantar foi um Menu do Peregrino, bastante água com gás e vinho.

Depois, contatei minha família e fui dormir. Pretendíamos sair um pouco mais cedo, por causa do sol e do calor. Tínhamos o Monte do Alto del Perdón pela frente no dia seguinte.

> "À medida que percorre o Caminho, o peregrino deve ter o ouvido aberto, a mão generosa, a língua silenciosa, o coração purificado, voz suave, o passo rápido e o olho pronto para ver a luz. Ele sabe que não viaja sozinho..." (Alice Ann Bailey)

Recebi essa citação, via WhatsApp, nesse dia. Não registrei quem me enviou. Peço desculpas.

UM BOM DESAFIO PARA CAMINHAR ENTRE ZUBIRI E PAMPLONA.

30.08.2015 – ETAPA 4 – PAMPLONA/PUENTE LA REINA – 24 km

Acordamos cedo e saímos por volta das 07h20min. O café da manhã seria numa padaria que estava abrindo, já em direção à Universidade de Navarra.

Fiz esta etapa novamente em companhia do Xico. Encontramos, no final da etapa, mais duas brasileiras, a Zaane e sua irmã. Mantenho, atualmente, contato apenas com a Zaane, via WhatsApp. O Marco Antônio e o Túlio estavam alguns quilômetros à nossa frente.

Este dia, também, após às 09h00min, estava muito quente e bebemos muita água. Acabei percebendo que nessa época em que fiz o Caminho, os dias eram sempre muito quentes após esse horário, quase em todo o Caminho. Por esse motivo, dias depois, comecei a caminhar antes do dia clarear, próximo das 06h30min, ou antes. Isso me permitiria caminhar ainda por algumas horas sem o sol muito forte.

Na subida do Monte do Alto del Perdón, bastante cansado, parei algumas vezes para beber água e admirar a paisagem. Sombras, quase nenhuma.

Em dado momento, eu ali exausto, ouço cânticos e observo uma procissão religiosa, com andor e tudo, descendo do morro para o povoado lá embaixo. Fiquei pasmo e parei ao lado da trilha, aproveitando para descansar e beber água, enquanto observava a procissão. Então, um casal, que "estava" seguindo a procissão, parou ao meu lado e a senhora me disse, olhando bem nos meus olhos, que faltava muito pouco para chegar lá em cima. Eu agradeci e me lembrei do casal lá no Abrigo Izandorre, nos Pirineus. Não seriam os mesmos anjos, agora com outra aparência? Nunca saberei, apesar das poucas dúvidas que tenho.

Pensando no casal e com o incentivo dos fiéis na procissão, segui então ao cume, onde existem as esculturas de aço em homenagem aos peregrinos. Se eles subiram até lá, com andor e tudo, e estavam descendo e cantando, por que eu não conseguiria chegar logo lá?

E, por lá, encontrei um trailer. Um verdadeiro oásis, onde fiz um lanche e bebi muita água com gás. Iria precisar. A descida seria muito dura e perigosa.

Nessa descida, por causa da sua inclinação e extensão, apesar de estar calçado adequadamente, com bota maior que o número que calço normalmente, acabei tendo problemas com minhas unhas do pé. Acredito que também porque eu já estava com elas um pouco afetadas desde a descida dos Pirineus. Isso me rendeu alguns dedos inflamados, nove unhas roxas, dois dias sem poder caminhar e outros dois dias com a caminhada prejudicada. Acabei "carregando" esses problemas até o final do Caminho, mas tudo foi, ao seu tempo, superado.

Depois dessa descida, encontramos a Zaane e sua irmã, que caminharam conosco até Puente La Reina.

Nesse trajeto final, cheguei a parar algumas vezes, muito cansado e com muita sede. Como fiz muita força, na descida, com os bastões de caminhada, estava com os braços um pouco amortecidos e me preocupei se não seria algum sinal de problemas cardíacos. Mas, graças a Deus, não era.

Na entrada da cidade, outro oásis. Uma menina oferecendo limonada em troca de um donativo e algumas cadeiras na garagem da casa. Uma limonada divina e um bom local para um pequeno descanso.

Depois de chegarmos ao Albergue dos Padres Reparadores, me instalar e tomar banho, fiz um "escalda-pés" preparado pela Zaane, que foi mais um anjo que me apareceu. Ela conversou com uma médica, brasileira, que me procurou, viu o estrago nos meus pés e me orientou, para que eu não prejudicasse todo o meu Caminho, a não caminhar por dois dias e me medicar.

Como o meu planejamento previa, nos últimos 120 km, a partir de Sarria, concluir o Caminho com minha esposa e filhinha, que iriam me encontrar lá, saindo do Brasil, resolvi atender suas instruções.

Após o jantar fui dormir. Triste.

EU NO ALTO DEL PERDÓN.

31.08.2015 – ETAPA 5 – PUENTE LA REINA/ VILLAMAYOR DE MONJARDÍN – 31,3 km

Acordei cedo e fui respirar um pouco. Todos estavam saindo para caminhar e eu não podia. Chorei mais algumas vezes e nem sei se me despedi direito dos amigos e das outras pessoas que fui conhecendo durante a caminhada. A esses últimos, eu chamaria de parceiros do Caminho. São aqueles que você vê saindo do albergue, quando caminha, quando vai lanchar, no outro albergue em que vai dormir, quando vai jantar, ou seja, quase sempre e em todos os lugares.

Em Puente la Reina, além das pessoas que já citei, conheci muitas outras das quais não sei nem nome, nem nacionalidade. Mas ali conheci o Luiz, um nipônico de São Paulo, que só fui ver novamente em Santiago de Compostela; um jovem alemão que apenas fui rever em Vega de Valcarce; e a Cassia, a médica que me orientou e medicou (o Facebook foi que me permitiu "reencontrá-la", depois de uma publicação).

Tomei um café e comi um lanche no próprio Albergue dos Padres Reparadores, ainda pensando em continuar a caminhada, apesar das lesões nos dedos e nas unhas dos pés. Em prantos, me despedi do Luiz e decidi ir adiante, de táxi, para permitir a recuperação dos meus pés.

Pedi auxílio de um padre que chegou no albergue e foi assim que consegui um táxi para me levar até Villamayor de Monjardín, onde encontraria o Túlio, que tinha tido um problema na coluna ao subir os Pirineus no nosso primeiro dia de Caminho. Eu tinha conversado com o Marco Antônio, seu filho, na noite anterior, e aceitado seu convite de encontrar-me com eles, visto que nem o Túlio nem eu poderíamos caminhar naquele dia.

Fui chorando quase o tempo todo, no táxi. Era difícil ter que parar de caminhar, mesmo que por "apenas" dois dias. O motorista, que se chamava Ruiz, se não estou enganado, não sabia o que falar para me consolar. De tudo o que me disse, lembro de ter mencionado que eu tinha tomado a decisão correta, que o Caminho não exigia que fosse diferente e que eu ainda teria muito Caminho pela frente e, por fim, que, para chegar em Santiago, essa parada era necessária. Sábia pessoa. Ele estava correto. Mais um anjo do Caminho.

Cheguei em Villamayor de Monjardín, deixei a mochila guardada no Albergue Hogar, onde ficaríamos no final do dia e, logo na praça, em frente ao albergue, onde há um bar e restaurante, numa mesa do lado de fora, encontrei o Túlio, que me abraçou e me ajudou a reduzir minha decepção por não ter caminhado nesse dia. Esse anjo me ajudou muito, não só nesse dia.

Conversamos muito sobre nossas travessias, nossas dificuldades e nossas provações nos Pirineus, inclusive sobre os anjos que me ajudaram naquele dia. Ficamos nas imediações do albergue e, em virtude do estado dos meus pés e da sua coluna, não fomos até o castelo existente no topo do morro. Vou ter que voltar para essa visita.

Aguardamos a chegada do seu filho Marco Antônio (outro anjo), que estava caminhando até lá, nos registramos no albergue e fomos almoçar. Fizemos nossas refeições desse dia no restaurante onde encontrei o Túlio. Lá encontramos com três brasileiras: a Mary, a Viviane e uma carioca, cujo nome não lembro. Só as vi novamente em Santo Domingo de la Calzada.

Antes de dormir, conhecemos um casal de peregrinos, o Claudio, um argentino que mora na Itália, e a Orietta, italiana. Fui encontrando com esses dois no Caminho até alguns povoados mais à frente, mas depois deixei de vê-los. Tenho feito buscas, em várias fontes, tentando localizá-los, mas sem sucesso. Se alguém conseguir identificá-los e tiver alguma maneira de contatá-los, solicito por gentileza informar-me. Gostaria muito de falar com eles novamente.

Choveu bastante, com relâmpagos e trovoada, quase por toda a noite.

BUSTO DE SANCHO GARCÉS I, REI DE PAMPLONA, EM VILLAMAYOR DE MONJARDÍN.

01.09.2015 – ETAPA 6 – VILLAMAYOR DE MONJARDÍN/VIANA – 30,1 km

Na manhã seguinte já não chovia mais.

Após o café da manhã, já com os pés bem melhores, porém ainda sem poder forçá-los, eu e o Túlio solicitamos ajuda de um hospitaleiro[7] brasileiro, chamado Fernando, se não me engano, que estava no albergue, para programar um táxi que nos levasse até Viana.

Fomos para Viana, aonde chegamos próximo das 10h00min. Eu usava a minha papete, que seria minha companheira por mais uns dias. Fomos conhecer a cidade, caminhando apenas próximo ao Albergue Andrés Muñoz, onde ficaríamos após a chegada do Marco Antônio, que vinha caminhando desde Villamayor de Monjardín.

Viana era uma cidade muito bonita, como tantas no Caminho, e possuía uma aura diferenciada.

Comprei, numa farmácia, protetores para os dedos dos pés (dedeiras), pois pretendia reiniciar minha caminhada já no dia seguinte. Eu me sentia melhor e necessitava caminhar novamente.

Aguardamos a chegada do Marco Antônio para almoçarmos um Menu do Peregrino no restaurante de um hotel bem próximo ao albergue.

Observamos, com curiosidade, que o albergue fica na área de um antigo cemitério da Idade Média. Será que existiriam aparições, teríamos algum visitante noturno inesperado (ou mesmo indesejável), seríamos incomodados por outros ruídos que não os nossos roncos e de outros peregrinos? Só saberíamos mais tarde, de noite ou na manhã seguinte.

Após a chegada do Marco Antônio, almoçamos e agendamos massagens para nós três, no final da tarde. Eu precisava massagear meus

---

7 "Hospitaleiro(a)", neste caso, refere-se à pessoa, geralmente voluntária, que busca, entre outras competências e atribuições, ser empático, apoiar e encorajar os peregrinos, ser gentil, ser prestativo, manter o albergue limpo e organizado, registrar e acomodar os peregrinos, eventualmente preparar refeições, ajudar na resolução de problemas etc.

pés e pernas, preparando-os para a jornada do dia seguinte. Em alguns locais, ao longo do Caminho, existem esses profissionais disponíveis.

Reconhecemos, em Viana, muitos parceiros do Caminho, ou seja, aqueles que, como defini antes, sempre vemos, mas praticamente só trocamos, diariamente, um cumprimento de *Buen Camino*.

Após o jantar, nos recolhemos para um necessário descanso. E busquei preparar-me, psicologicamente, para retomar minha caminhada no dia seguinte.

Não recebemos nenhum estranho visitante, que tenhamos percebido, nem fomos acordados por nenhum ruído adicional.

O sono foi revigorante. A jornada seria, mais uma vez, desafiadora.

FACHADA DO ALBERGUE ANDRÉS MUÑOZ, NA ÁREA DO ANTIGO CEMITÉRIO DA IDADE MÉDIA.

02.09.2015 — ETAPA 7 —
VIANA/VENTOSA — 29 km

Na manhã seguinte, saímos bem cedo, antes de o sol nascer, sem café da manhã, apenas com barras de cereal, biscoito e água.

Eu, com anti-inflamatório tópico em gel nos dedos, dedeiras, meias e papete, reiniciava, com o Túlio, a caminhada. Estava muito feliz, mas preocupado se conseguiria ir adiante. Seguimos nós e o Marco Antônio, com destino a Ventosa. Nesse dia reencontramos, no Caminho, o Claudio e a Orietta, a Viviane, a Mary e a amiga carioca.

Logo após Viana, entra-se na Província de La Rioja, terra de muitos vinhos, saindo da Província de Navarra.

Em Logroño, fizemos nosso café da manhã num bar logo em frente às estátuas dos peregrinos, cerca de 9 km após Viana.

Eu e o Túlio caminhamos, com calma, ainda por mais 13 km, perfazendo um total de 22 km nesse dia.

Em Navarrete, não querendo forçar demais, nos separamos do Marco Antônio, que continuou caminhando, lanchamos e fomos, de táxi, até Ventosa.

Lá, após a chegada do Marco Antônio, nos alojamos no Albergue San Saturnino e, depois, fomos beber *una caña* (neste caso, um chope), para comemorar nosso retorno à caminhada, e almoçar.

Após a higiene pessoal e um bom descanso, jantamos e retornamos ao albergue para dormir.

Choveu forte novamente durante a noite, mas dormi bem, relaxado e tranquilo pelo objetivo alcançado. Eu tinha retornado à caminhada e iria continuar o Caminho de Santiago, a pé.

No dia seguinte iríamos até Santo Domingo de la Calzada.

UMA DAS RUAS DE LOGROÑO, QUE FICA ENTRE VIANA E VENTOSA.

03.09.2015 – ETAPA 8 – VENTOSA/SANTO DOMINGO DE LA CALZADA – 37,9 km

Assim como no dia anterior, quando acordamos, não chovia mais.

Saímos cedo, antes de o sol nascer, sem café da manhã. Levamos barras de cereal, chocolate e água.

Meus pés estavam bons, mas mantive o uso de anti-inflamatório nos dedos, dedeiras, meias e papete. Desta vez caminhávamos apenas eu e o Marco Antônio. O Túlio precisava de mais um tempo para a sua coluna.

Os parceiros do Caminho estavam, como sempre, por lá. E íamos conhecendo novos. Pela primeira vez, de acordo com o que me lembro, nos encontramos como a parceira Noëlle, uma canadense, que depois encontrei várias vezes no Caminho, até mesmo em Santiago de Compostela. A Noëlle caminhou durante algumas etapas com a Rachel, mas não me recordo de tê-la visto neste dia.

Nosso café da manhã foi em Nájera, muitos quilômetros depois da nossa saída de Ventosa.

Creio que foi em Azofra que me encontrei com o Marco Bertolini e sua esposa, com o Sidnei e sua esposa e com o Alexandre. Todos brasileiros, da mesma família. Mas não tenho certeza se foi nesta ocasião a primeira vez que nos falamos.

Em Azofra, com quase 23 km de caminhada, julguei ser importante poupar os pés e descansar. Ali, depois de um café e uma deliciosa água com gás, consegui um táxi que me levou até Santo Domingo de la Calzada.

Em Santo Domingo, encontrei o Túlio e aguardamos pela chegada do Marco Antônio. Depois, nos alojamos no Albergue Casa de la Cofradía del Santo, que também é muito bom e bem localizado.

No almoço, um Menu do Peregrino, com água e vinho da casa, e depois uma visita à Catedral e ao seu Museu. Mais tarde, fui à missa dos peregrinos.

No mesmo albergue em que ficamos, encontramos novamente a Mary, a Viviane e sua amiga carioca.

Aproveitei a existência de uma daquelas cadeiras de massagem, no albergue, para fazer uma massagem relaxante nas pernas e nos pés.

Fiz contato com a família, enviei algumas fotos e fui dormir.

No dia seguinte caminharia até Belorado.

PEQUENA PRAÇA EM SANTO DOMINGO DE LA CALZADA.

04.09.2015 – ETAPA 9 – SANTO DOMINGO DE LA CALZADA/BELORADO – 22,7 km

Acordamos bem cedo e saímos novamente antes do nascer do sol, sem café da manhã. Tínhamos nos municiado com barras de cereal e água.

Neste dia, caminharia apenas com o Marco Antônio. O Túlio seguiria de ônibus para um ponto adiante, pois ainda precisava de mais um dia de descanso para se recuperar. Não me lembro para qual local, mas creio que foi para Villafranca Montes de Oca.

Eu iria com o Marco Antônio até Belorado, onde eu ficaria. Ele caminharia até encontrar com o Túlio.

Hoje iríamos nos separar e eu sabia que dificilmente iria reencontrá-los, fisicamente, nesse Caminho, o que de fato aconteceu. Foi difícil me despedir do Túlio, mas consegui segurar as lágrimas. Porém, continuamos nos falando até que o Homem Lá de Cima chamou-o para caminhar em outro plano. Não posso me afastar dos meus anjos.

Sairíamos de La Rioja e entraríamos em Castylla y León, maior extensão de terra a ser percorrida no Caminho Francês.

Paramos em Grañón, para um café da manhã mais completo, café com *tortilla*, e seguimos caminhando.

Não encontramos muitos parceiros do Caminho neste dia, mas me lembro de ter ouvido, diria eu, uma lamúria, em inglês, de uma pessoa sentada ao lado do Caminho, que me pareceu já tê-la visto, algumas vezes, em etapas anteriores. Ela disse: "Bolhas, bolhas e mais bolhas. Uma coleção. Eu tenho uma coleção, mas não quero". Eu agradeci a Deus, pois, mesmo tendo tido problemas nos pés, desse mal eu não padecia.

Passamos por Redecilla del Camino, Castildelgado e Viloria de Rioja, local do Refúgio Acácio e Orietta. O Acácio é brasileiro e, juntamente com a Orietta, mantém esse albergue. Infelizmente, pelo horário em que passei por lá, não conseguimos nos encontrar com eles. Mais um motivo para voltar ao Caminho. Tenho que me encontrar, também, com outros brasileiros em outros albergues por lá.

Dali seguimos para Belorado, mais 8 km à frente. Lá, bem próximo do Albergue Municipal El Corro, onde eu ficaria, nos despedimos. Desta vez, não pude conter as lágrimas. Nunca mais, no Caminho, eu e o Marco Antônio nos encontramos. Ele continuou, para ficar com seu pai, o Túlio, e eu fiquei ali. Somos amigos até hoje. Mais um anjo do qual não me afasto.

Ainda consegui almoçar no albergue, após me instalar e me banhar. Lavei e sequei minhas roupas, fiz contato com minha família e com amigos e saí para conhecer a cidade e o local por onde iria caminhar, "sozinho", no dia seguinte.

No primeiro domingo de setembro, em Belorado, se comemora o Dia de Ação de Graças. As comemorações se realizam durante todo o final de semana, começando na sexta-feira, dia em que cheguei lá, indo até a segunda-feira. São muitas as festividades e as celebrações na cidade, nessa época do ano. Vi um pouco dessas celebrações, voltei ao albergue, jantei e fui dormir.

Eu iniciaria, no dia seguinte, outra etapa do meu Caminho. O meu caminhar "sozinho", apenas com o meu espírito e os meus pensamentos. Claro que isso já tinha ocorrido, com muita intensidade nos Pirineus, mas eu estava um pouco apreensivo.

O CAMINHO ENTRE SANTO DOMINGO DE LA CALZADA E BELORADO.

05.09.2015 – ETAPA 10 – BELORADO/ SAN JUAN DE ORTEGA – 23,7 km

Acordei bem cedo e saí antes do nascer do sol, sem café da manhã. Isso passou a ser minha rotina por todo o Caminho, até Sarria. Estava apenas com um chocolate e água.

Caminhei "só" nesse dia. Digo assim entre aspas pois você nunca está realmente só no Caminho. Ou tem alguém por perto, ou algum anjo ou o Espírito do Caminho. Sempre estão por lá, ao seu lado.

Saindo de Belorado, ainda na cidade, podia perceber que as festividades foram até muito tarde da noite. Ou melhor, ainda continuavam em alguns poucos locais. Encontrei muita sujeira nas ruas, garrafas jogadas e pubs e bares abertos, com muita gente. Alguns demonstravam que tinham bebido durante toda a noite e continuavam bebendo. Se tudo isso, como em vários locais do mundo e, principalmente, do Brasil, faz parte da tradição, não sei, mas além da surpresa nada há a comentar que possa denegrir a cidade ou seus habitantes. Alguns me chamavam de peregrino e perguntavam se eu era espanhol.

Encontrei, na caminhada, com alguns parceiros do Caminho, incluindo o Dan, canadense, e o Ben, alemão, que eu tinha conhecido no albergue em Belorado.

Meu café da manhã foi em Espinosa del Camino, 8,2 km após Belorado.

Eu vinha cantando baixinho pelo Caminho, pois a caminhada estava tranquila, apesar das subidas fortes, por cerca de 5 km desde Villafranca Montes de Oca até o Alto de la Pedraja. Aqui me ocorreram lembranças dos Pirineus, em virtude da subida, mas nada comparável com aquela travessia.

No Alto de la Pedraja encontra-se um monumento levantado pelos familiares das pessoas mortas pela repressão, num período da história recente da Espanha. Nesse monumento há uma placa alusiva ao fuzilamento de cerca de 300 pessoas naquele local.

Mais à frente encontrei um verdadeiro oásis, à beira do Caminho. Logo que cheguei, fui agraciado com uma fatia gelada de melão, agradável surpresa, com o calor que fazia. Esse "oásis" é um ponto onde os peregrinos podem fazer um pequeno lanche e beber um café ou uma água, oferecendo apenas um donativo em vez de um pagamento.

Cheguei em San Juan de Ortega próximo das 13h05min. Em seguida, me alojei no Albergue do Monastério de San Juan de Ortega e tomei um bom banho.

Depois, sentado num banco em frente ao albergue, vi a passagem do Marco, que eu tinha encontrado em Azofra, e toda a sua família – sua esposa, seu sogro, Sidnei, sua sogra e seu cunhado, Alexandre. Eles aproveitaram para um pequeno descanso enquanto conversávamos. Voltaríamos a nos encontrar uma vez mais, em Burgos.

Ao final da tarde fui à missa, na qual recebi a bênção e ganhei, assim como os demais peregrinos, um cordão com a Cruz de San Juan de Ortega, benzida pelos padres do Monastério. Essa cruz me acompanharia até Santiago de Compostela, onde, logo após a minha chegada, eu a perderia para nunca mais encontrar, infelizmente. Vou ter que voltar lá para ver se ganho outra.

O jantar foi no próprio albergue, com pão, vinho e água, numa grande mesa, com praticamente todos os peregrinos que estavam no albergue. Ali estavam alguns poucos parceiros do Caminho, entre eles um peregrino francês, o Alain. Encontrei-o novamente em Burgos e em Santiago.

Após o jantar, fiquei na recepção por alguns minutos para completar a carga da bateria do celular e fazer contato com minha família e amigos. Nesse albergue, somente ali funcionava o wi-fi e existiam poucas tomadas elétricas para carregar o celular.

Depois fui dormir. A jornada se iniciaria bem cedo, no dia seguinte, e com algumas surpresas.

UMA DAS SUBIDAS NA REGIÃO DE VILLAFRANCA MONTES DE OCA.

06.09.2015 – ETAPA 11 – SAN JUAN DE ORTEGA/BURGOS – 26,7 km

Novamente, acordei cedo e saí antes do nascer do sol, sem café da manhã. Estava apenas com um chocolate e água.

Quando deixei o albergue, alguns já tinham saído e outros estavam se preparando para seguir adiante. Resultado: saí "só". Nessa etapa, ocorre que, pouco depois de sair de San Juan de Ortega, há uma bifurcação do Caminho, ou seja, duas alternativas para seguir até Agés. Uma segue a estrada (*carretera*) e outra pela floresta. Eu não sabia disso. Não tinha lido nada a esse respeito e, me guiando pelas setas amarelas, adentrei à floresta. No escuro e "só".

Não ouvia ninguém na minha frente, nem via as luzes das lanternas dos peregrinos. O mesmo ocorria atrás de mim. E tudo estava muito escuro.

Vi, a exemplo de filmes de terror, inúmeros olhos amarelos brilhantes, de todos os tamanhos, em todos os lados, olhando para mim. Alguns olhos corriam ou voavam quando eu chegava perto. Eu não sabia, e não sei, de que criaturas eram esses olhos, só sei que me observavam o tempo todo.

O terreno era acidentado, com pequenas pontes de ferro ou de madeira, e cercas de arame farpado. E eu continuava caminhando, pedindo a Deus que me protegesse, me orientasse e me fizesse ver o Caminho. Cheguei a ver "luzes" atrás de mim, mas, se eram peregrinos, retornaram e foram pela estrada, pois pouco depois deixei de vê-las.

Pensei em voltar, mas teria que enfrentar o mesmo problema até chegar à estrada, além de não saber o que encontraria por lá. Resolvi continuar. Em alguns momentos percebi olhos grandes me olhando à frente. E eles estavam se aproximando. Eu avançava com os meus bastões de caminhada, prontos para "acertar" alguma coisa que se aproximasse demais de mim. Esses olhos eram de alguns bois e outros animais de mesmo porte, mas me assustaram bastante. Eu pensava a todo instante que não saberia a minha reação se eu visse algum olho vermelho. Esses olhos vermelhos, Deus, Santiago e San Juan de Ortega me ajudaram a não ver.

O dia foi clareando e eu já conseguia distinguir as silhuetas dos animais, dos quais eu, antes, via apenas os olhos.

Talvez alguns anjos estivessem por lá também, mas não creio que os olhos fossem deles. Talvez alguns anjos caídos. Não sei e não pretendo saber.

Vendo os horários das fotos e da minha saída do albergue, além da quilometragem, calculo que esse pesadelo real tenha durado cerca de 40 ou 50 minutos. Não perguntei aos meus amigos peregrinos, nem aos parceiros do Caminho, nem a qualquer outro peregrino se viveram algo semelhante ali. Aproveito para perguntar agora. Alguém já viveu isso ou algo semelhante nesse ou em outro local?

Chegando em Agés, tomei meu café da manhã. Café com leite e *tostadas*, semelhantes ao nosso pão com manteiga na chapa.

Na sequência, havia muitas pedras no caminho, bem mais que na descida do Alto del Perdón e, depois, Atapuerca. Tudo bem estranho por ali. Não sei como é a visitação, nem pensaria nisso, pois teria que interromper essa etapa por mais de um dia. Fica para uma outra oportunidade.

Lanchei bananas e suco de laranja, em Cardeñuela Riopico, onde encontrei o Marco e sua família. Encontrei, também, a Mary e a Viviane em Castañares, passei ao lado do aeroporto e segui para Burgos pelo caminho do rio, que passa por um lindo parque.

Em Burgos eu iria encontrar o meu amigo Padre Xico, que voltaria para o Brasil, passando antes em Portugal, na casa de parentes, pois estava com problemas sérios nos tendões e sentia muitas dores. O Caminho para ele, até Santiago, ficaria para depois.

Chegando lá, conversei com o Xico para ver se tinha como adiar um pouco o seu retorno, mas isso não seria possível. Então, nos despedimos, emocionados, e nunca mais nos vimos, mas mantivemos contato por algum tempo.

Fiquei sabendo pelo Xico que o Marco Antônio e o Túlio tinham ido para León. Nos comunicamos diariamente, via WhatsApp, até terminarem o Caminho. Somos amigos e mantemos contato constantemente.

Resolvi ficar no Hotel Entrearcos. Precisava me espalhar numa cama e ter a privacidade de um banheiro exclusivo. Não ficou tão caro.

Esse hotel é, também, um bar e restaurante, e fica bem próximo da Catedral. Resolvi almoçar por lá. Ali, em frente ao hotel, reencontrei o Mário e o Herman e almoçamos juntos. Mais um Menu do Peregrino e um bom vinho.

Encontrei, também, o Claudio e a Orietta, com os quais não tenho mais contato, e o peregrino francês, meu parceiro do Caminho, que estava muito cansado e tinha decidido ficar dois dias em Burgos. Não sabia se iria encontrá-lo novamente.

Na missa da Catedral, recebi a bênção dos peregrinos e reencontrei muitos amigos e parceiros do Caminho, como de costume.

Não jantei. Fiz um lanche no bar do hotel e fui dormir. Dia cheio, com muitas emoções.

O CAMINHO NA REGIÃO DE ATAPUERCA E SUAS INFINITAS PEDRAS.

07.09.2015 – ETAPA 12 – BURGOS/ HORNILLOS DEL CAMINO – 20,6 km

Descansei um pouco mais na noite passada. Saí, às 07h10min, antes do nascer do sol. Tomei meu café da manhã em frente ao Albergue Municipal. Fui até lá buscando encontrar com o Marco. Sua esposa estava com várias bolhas nos pés e eu pretendia deixar um rolo de Micropore® com eles. Infelizmente não os encontrei mais, nem em Burgos, nem em outro local do Caminho. Hoje mantemos contato via redes sociais.

Segui para Hornillos del Camino, aonde cheguei por volta das 12h10min, cinco horas após sair de Burgos. Nesse dia senti muita dor no pé e tornozelo direitos. Mais tarde, quando voltei ao Brasil, fui descobrir que tinha adquirido uma tendinite e um cisto sebáceo nessa região. O cisto ainda é meu companheiro até hoje, mas não incomoda muito.

Em Villalbilla de Burgos, próximo das obras que estavam sendo executadas na estrada, encontrei uma senhora, moradora da região, que me disse estar observando os peregrinos que estavam passando e viu que eu era um peregrino que estava desfrutando o Caminho, por causa da maneira como eu caminhava. Segundo ela, eu estava caminhando solto e observando tudo, diferente de muitos outros. Ela me orientou sobre o Caminho adiante, em meio às obras, deu dicas sobre por onde seguir e me disse que existiam setas amarelas pintadas com objetivo comercial, levando até algum albergue. Também, me disse para lembrar, em caso de dúvidas, que "todos os caminhos levam à igreja". Por fim, me falou para tomar cuidado com os *chinches*[8] e me desejou *Buen Camino*.

Após Rabé de las Calzadas, última vez em que vi o Claudio e a Orietta, infelizmente, enfrentei um trecho de 8 km de subidas e pedras, onde, como diria meu amigo Marco Antônio, "não tem nem um pé de coentro para fazer sombra", e depois uma descida bastante penosa, por causa das dores, até chegar em Hornillos.

Fiquei no Albergue Municipal, que é bem legal, porém bastante simples. Nesse albergue não tinha wi-fi disponível e, em Hornillos del Camino, meu chip da Orange não recebia nenhum sinal. Portanto, fiquei sem poder dar notícias de onde estava à minha família e me comunicar com os amigos.

Após me alojar, fui procurar um local para almoçar e ver se me encontrava com o Marco e sua família para entregar o esparadrapo, mas não os achei ali. Me encontrei com o Mário e o Herman e almoçamos juntos no Bar Casa Manolo. Bom serviço, bom Menu do Peregrino e bom vinho.

Nós nos emocionamos contando sobre nossos momentos nos Pirineus e no restante do Caminho até ali, falando sobre nossas famílias e os problemas até esta data vividos e, mais importante, sobre a

---

8 *Chinche* é um inseto, uma espécie de percevejo, que suga o sangue e sua picada pode, além de causar coceira, vermelhidão e desconforto, ocasionar uma reação alérgica. Isso pode complicar sua caminhada, tanto pelos problemas de saúde, como pelas dificuldades de se livrar desses insetos, pois eles podem infestar suas roupas e seu saco de dormir. Sempre siga as orientações dos hospitaleiros.

saudade dos nossos entes queridos. O Mário e o Herman já tinham realizado o Caminho outras duas vezes anteriormente. Tinham vivido muitas experiências, inclusive dolorosas. Eu, na minha primeira vez, não via a hora de encontrar com minha esposa, Jacqueline, e nossa filhinha, Sofia, em Sarria, para terminarmos juntos o Caminho até Santiago. Cada um de nós, como todos os peregrinos, estava lá encontrando, ou não, seus inúmeros porquês.

Nessa oportunidade falei com eles sobre o casal de anjos no abrigo nos Pirineus e sobre a cerveja que ganhei de um anjo por lá. Eles não se surpreenderam.

Após o almoço, mais tarde, fui até o Albergue Meeting Point, onde estavam instalados, e ali pude fazer contato com minha família, pois lá tinham wi-fi de boa qualidade.

Como era aniversário do Herman, que completa mais uma primavera exatamente nesta data, 07 de setembro, comemoramos com um lanche, um bom vinho e com alguns outros peregrinos, inclusive um peregrino japonês que chegou tarde, quando não tinha mais nenhum leito disponível em Hornillos del Camino.

Parabéns, Herman. Felicidade, muita luz e paz, sempre.

Como registro muito importante, devo contar que esse japonês que citei não ficou sem um leito para descansar. Uma menina, que creio que não tinha mais do que 12 anos e fazia o Caminho com sua mãe, cedeu sua cama para esse peregrino. Ela foi dormir com a mãe, na mesma cama, pois concluiu que o peregrino necessitava de descanso e elas poderiam utilizar, juntas, o mesmo leito. Era o Espírito do Caminho se manifestando novamente.

Mais tarde, voltei ao albergue, tomei um bom banho, ingeri um anti-inflamatório, que o Mário tinha me dado, passei o meu gel de arnica nas pernas e fui dormir. Tinha que estar descansado e com poucas dores no dia seguinte.

CHEGANDO A HORNILLOS DEL CAMINO, AO FUNDO.

08.09.2015 – ETAPA 13 – HORNILLOS DEL CAMINO/CASTROJERIZ – 19,7 km

Novamente acordei cedo e saí às 07h00min, antes do nascer do sol. Olhei para ambos os lados do caminho, para ver se encontrava o Mário e o Herman. Como não os avistei, segui adiante em direção a Castrojeriz.

Como estava percorrendo La Meseta, quanto mais tempo eu pudesse caminhar sem muita luz solar, menos eu sofreria com o calor. E foi assim até por volta das 08h30min.

La Meseta é uma área muito árida, que compreende praticamente todo o trecho entre Burgos e León. Eu poderia dizer que é um deserto nessa região da Espanha. Principalmente no mês de setembro, quando os campos estão quase totalmente sem vegetação e, consequentemente, sem sombras, esse aspecto desértico é ressaltado. Sempre é bom estar prevenido nesse trecho, com água e um lanche.

Meu café da manhã foi em Hontanas, 10,5 km após sair. Café com leite, *tortilla* e pão. Lá encontrei o Mário e o Herman, que já se encontravam quase no final do seu *desayuno* (café da manhã). Saímos praticamente juntos do bar, para continuar nossa jornada.

Enquanto os dois seguiam no caminho, eu parei para conversar com um brasileiro, Artur, que encontrei novamente em Carrión de los Condes e que também tinha começado seu caminho em Saint-Jean-Pied-de-Port (SJPP). Conversamos sobre as dificuldades nos Pirineus e sobre as 14 horas e 10 minutos que demorei para chegar até Roncesvalles, muito cansado. Ele me perguntou minha idade. Disse-lhe que tinha 60 anos. Foi então que ele me disse que estava ótimo, pois ele, com menos da metade da minha idade, tinha chegado lá muito cansado e com muitas dores. Acabei tendo que concordar com ele. É verdade, o Caminho nos surpreende a cada instante. Você descobre que seus limites e os dos outros peregrinos são bem diferentes do que você imaginava. Ele acabou sendo mais um anjo que me ajudou a aumentar a minha autoconfiança.

Agradeci, me despedi e segui meu Caminho.

Mais à frente, encontrei-me novamente com o Mário e o Herman e seguimos, juntos, até Castrojeriz. A partir dali, até Bercianos del Real Camino, eu faria meu caminho em companhia desses meus dois anjos, que muito me ajudariam, pela troca de ideias e experiências de vida, bem como pela experiência de outros caminhos que já tinham realizado.

Durante quase todo esse dia, ao caminhar, ainda sentia fortes dores na perna direita, embora menos que no dia anterior.

Chegamos por volta das 12h05min e aguardamos a abertura do Albergue Ultreia, onde ficamos. Um bom albergue, onde é possível lanchar, jantar e tomar um bom café da manhã. Por sinal, como em outras etapas do Caminho, o café da manhã ali seria muito importante no dia seguinte. O próximo local para essa refeição se situava após cerca de 10 km.

Nesse dia, como de costume, apreciamos o Menu do Peregrino, tanto no almoço como no jantar, porém não no próprio albergue.

Após o jantar, realizei alguns contatos com a família e me entreguei a um bom descanso. Sairíamos, mais uma vez, bem cedo no dia seguinte.

RUÍNAS DO ANTIGO CONVENTO DE SANTO ANTÔNIO, LOCALIZADO ENTRE HORNILLOS DEL CAMINO E CASTROJERIZ.

09.09.2015 – ETAPA 14 – CASTROJERIZ/FRÓMISTA – 25,0 km

Acordamos cedo e saímos, eu, o Mário e o Herman, às 06h40min, antes do nascer do sol. Tomamos nosso café da manhã no albergue, pois só iríamos encontrar um local para comer novamente por volta das 10h00min, cerca de 12 km depois.

E lá fomos nós por La Meseta. Alguns minutos depois de sair do albergue, enfrentamos uma subida, bem íngreme, de aproximadamente 600 metros de altitude, pois saímos da cota de 450 m para a de 1050 m. Logo depois dessa subida, iniciou-se uma descida de equivalente intensidade. Esse é o Caminho.

Sempre que o Caminho apresentava uma subida, eu me perguntava: Por que os peregrinos tinham que as enfrentar com tanta frequência? Por que tanto sacrifício?

Continuamos caminhando ainda por cerca de mais duas horas até que pudéssemos lanchar e descansar mais um pouco.

Depois do lanche, ainda enfrentamos La Meseta por mais umas três horas, com muito calor e bebendo muita água, até encontrarmos uma área aparentemente menos hostil.

Quase uma hora depois, chegávamos a Frómista.

Ficamos no Albergue Estrella del Camino. Um bom albergue, que naquele dia contava com dois hospitaleiros, um homem e uma mulher. No entanto, por algum motivo que desconhecemos, enquanto a mulher era gentil e atenciosa, o homem parecia não saber o que era gentileza, nem parecia estar muito preocupado com os peregrinos. Mas isso não prejudicou, em minha opinião, a imagem do albergue, tampouco nossa estadia ou nosso descanso.

Nesse dia, durante todo o caminho, encontramos muitos parceiros do Caminho, como um casal de austríacos que já tínhamos visto em outros locais e, também, alguns amigos como a Rachel, a Noëlle e um amigo delas, creio que Wayne, se não estou enganado.

Depois de nos registrarmos no albergue e ajeitar algumas coisas, saímos para relaxar um pouco e almoçar.

Após o almoço, fomos conhecer a cidade, compramos um lanche para o dia seguinte e retornamos ao albergue. Aproveitei para tomar um banho relaxante, descansar um pouco, fazer alguns registros da jornada, contatar meus familiares e responder às mensagens dos amigos.

No início da noite, fizemos o nosso planejamento para o dia seguinte, conversamos um pouco e fomos dormir.

Iríamos até Carrión de los Condes, no dia seguinte, e sairíamos cedo novamente.

FORTE DESCIDA E VISTA DO CAMINHO, APÓS CASTROJERIZ, COM O MÁRIO E O HERMAN NA FOTO.

10.09.2015 – ETAPA 15 – FRÓMISTA/ CARRIÓN DE LOS CONDES – 18,9 km

Novamente acordamos cedo e saímos, eu, o Mário e o Herman, às 06h45min, antes do nascer do sol, sem café da manhã, mas carregando um lanche, algumas frutas, que tínhamos comprado num mercado no dia anterior, e água.

Por volta das 11h00min, nos alimentamos com algumas maçãs que encontramos no caminho. O dia estava bem quente, como de costume, e seguimos para Carrión de los Condes. Nesse dia não pretendíamos andar mais.

Chegamos a Carrión, no Albergue Espíritu Santo, aproximadamente à 12h20min.

Tocamos a campainha e fomos atendidos por uma freira, que nos recebeu muito bem, nos presenteou com um cordão com a

Medalha Milagrosa e nos encaminhou para o quarto em que ficaríamos alojados.

Nesse albergue, os quartos para homens são separados dos quartos para mulheres, bem como os banheiros. Não há beliches, e as camas são confortáveis e separadas umas das outras. Tudo muito bem cuidado e limpo, proporcionando bastante comodidade aos peregrinos. O descanso estaria garantido.

Um bom banho e uma surpresa: minha primeira e única bolha do Caminho. Bem pequena e só um pouquinho dolorida, mas merece destaque. Foi a oportunidade para usar minha agulha e linha para furá-la. Um pouco de anti-inflamatório em gel e só.

Fomos almoçar e comprar algumas coisas para o nosso lanche noturno no albergue. Não iríamos jantar nesse dia.

Um Menu do Peregrino, com água, vinho e pão, seguido de uma sobremesa diferente para mim. Um pedaço de *Tarta de Santiago* (Torta de Santiago).

Passeamos um pouco nas imediações do albergue, fomos à Igreja de Santa Maria, fomos à missa e recebemos a bênção dos peregrinos.

Vários parceiros do Caminhos estavam por lá, em Carrión de los Condes. Não me lembro de todos que vi, nem seus nomes, como já citei, mas creio que, na missa, vi o Ben e sua esposa.

No albergue, encontrei o Artur. Aquele brasileiro que tinha conversado comigo em Hontanas. Ele estava com problemas no joelho e não sabia se conseguiria seguir adiante e terminar o Caminho. Nunca mais me encontrei com ele. Não sei se terminou o Caminho e se está bem. Se alguém conseguir me ajudar a encontrá-lo por aqui, mediante esta leitura, eu agradeço. Também agradeceria se alguém pudesse me ajudar a encontrar os outros parceiros do Caminho que cito neste livro.

No nosso lanche noturno, no albergue, fui apresentado, pelo Herman e pelo Mário, à Eliege, mais uma brasileira que estava fazendo o Caminho. Depois desse dia, só a reencontrei nas redes sociais, onde faço os meus relatos.

Após o lanche fomos dormir. No dia seguinte teríamos uma nova jornada.

ANTIGA PONTE ROMANA ENTRE FRÓMISTA E CARRIÓN DE LOS CONDES.

11.09.2015 – ETAPA 16 – CARRIÓN DE LOS CONDES/TERRADILLOS DE LOS TEMPLARIOS – 26,6 km

Como de costume, eu, o Mário e o Herman acordamos cedo e saímos às 06h00min, antes do nascer do sol, sem café da manhã. Carregamos conosco um bom lanche, com algumas frutas, que tínhamos comprado no mercado no dia anterior, e muita água.

Nessa etapa, após sair de Carrión de los Condes, só há um local para um lanche e água a cerca de 17 km, em Calzadilla de la Cueza. É necessário estar preparado.

A minha primeira e única bolha já praticamente não existia e não me incomodava mais.

Estávamos em La Meseta e o dia ficou muito quente depois do nascer do sol, principalmente após às 10h00min. Nesse horário estávamos em Calzadilla. Ali tomei um café e uma água com gás.

Já por volta das 12h30min, chegamos ao Albergue Jacques de Molay, em Terradillos de los Templarios. Um bom albergue, com um dos únicos (senão o único) restaurantes dessa localidade.

Depois de um banho revigorante e de lavar nossas roupas, fomos almoçar. Um Menu do Peregrino, com um bom vinho da casa.

Ali apreciei uma excelente sopa de alho, a segunda do Caminho, e uma bisteca de porco com batatas e ovo. A primeira sopa de alho que tinha saboreado havia sido a tradicional sopa servida em San Juan de Ortega.

Depois do almoço, descansei um pouco e fiz contato com meus familiares e amigos. Mais tarde, passeamos um pouco em Terradillos e voltamos para o albergue para jantar.

Nesse dia, durante o Caminho, algumas vezes, pelas paisagens e pelas localidades, me senti como num filme de faroeste.

No jantar, uma salada, pão, água e vinho.

E depois, um bom sono. No dia seguinte mais uma etapa adiante.

TERRADILLOS DE LOS TEMPLARIOS.

12.09.2015 – ETAPA 17 –
TERRADILLOS DE LOS TEMPLARIOS/ BERCIANOS DEL REAL CAMINO – 23 km

Como de costume, acordamos cedo novamente e saímos às 06h00min, antes do nascer do sol, com algum lanche e água.

Cerca de três horas depois estávamos em Sahagún, uma cidade interessante, mas que não tive oportunidade de conhecer, apenas passei por ali. Não sei se o Mário e o Herman, em um dos seus caminhos anteriores (pois este era o terceiro), puderam conhecê-la melhor.

Quando chegamos por lá estava começando a chover. Uma chuva leve.

Eu resolvi que iria utilizar meu corta-vento impermeável e, pelo que me lembro, o Herman também. O Mário resolveu comprar um poncho, impermeável, para protegê-lo da chuva, bem como sua mochila.

Pouco tempo depois, a chuva cessou e não voltou a chover por muito tempo.

Mais adiante, paramos para um lanche e creio que foi nesse dia que conheci, nesse local, a Sonia Lopes e seu marido, Rosivaldo, bem como outros brasileiros que estavam com eles, mas de cujos nomes não me lembro.

Depois do lanche seguimos caminho, pela rota normal, até Bercianos, sem optar pela rota alternativa, que passaria pela *calzada romana*[9] mas nos levaria, após muitos quilômetros, até Mansilla de las Mulas.

O dia, como todos os outros nessa parte do Caminho, já estava bem quente.

Por volta do meio-dia, chegamos em Bercianos del Real Camino e fomos ao Albergue de Peregrinos Bercianos del Real Camino, um

---

9 Neste caso, a *calzada romana* seria a "Calzada del Coto", que segue o traçado da antiga Via Trajano, uma calçada romana.

albergue paroquial, para ver se poderíamos nos registrar. Estávamos muito cansados.

Infelizmente, pelo horário, não pudemos fazer nossos registros nem descansar, como era nossa vontade. Fomos então ao Hostal Rivero, por onde tínhamos passado antes de chegar ao Albergue, para beber *una caña* (cerveja) e relaxar um pouco. Resolvemos, então, ficar por lá, em vez de ficarmos no albergue. O preço por uma *habitación privada* (quarto privativo), para três pessoas, valia a pena.

Após o banho e o almoço, fomos descansar.

Na noite desse dia, conheci o Romeu (*in memoriam*) e a Lourdes, que já eram amigos do Mário e do Herman. Eles chegaram a Bercianos e resolveram se instalar no mesmo hostal que nós.

Jantamos juntos, um bom jantar e um bom vinho, acompanhados de uma boa conversa.

Mesmo com muitas dificuldades por causa da internet instável, consegui fazer contato com minha família, mas não por áudio, e fomos dormir. Precisava de uma boa noite de sono. No dia seguinte voltaria a caminhar "só". Meus amigos seguiriam seus caminhos.

O Romeu e a Lourdes, eu iria reencontrar algumas etapas à frente, e o Mário e o Herman, não mais nesse Caminho. Mantenho contato com eles.

EU EM SAHAGÚN, CENTRO DO CAMINHO FRANCÊS DE SANTIAGO.

13.09.2015 – ETAPA 18 – BERCIANOS DEL REAL CAMINO/ MANSILLA DE LAS MULAS – 26,8 km

Saí um pouco mais tarde, por volta das 07h30min. Decidi descansar um pouco mais.

Ontem, ao dormir, notei que estava com o pé esquerdo um pouco inchado, resultado do esforço durante a caminhada. Eu ontem, quando cheguei ao hostal, após caminhar de Terradillos até Bercianos, percebi que uma das minhas unhas roxas, no pé esquerdo, estava ainda mais roxa. Além disso, eu tinha tido uma pequena lesão, com sangramento, entre dois dedos, provavelmente causada pelo problema das unhas. Achei que tinha uma nova bolha, na ponta de um dedo, ao lado do dedo em que a unha estava bem roxa. Fiz um curativo, mas só dias mais tarde é que fui me dar conta de que esse ponto, bem como outro que apareceu na sequência, era um ponto de concentração de pus. Tudo resultado das lesões das primeiras etapas do Caminho e dos traumas causados pelas últimas etapas percorridas. As unhas roxas do pé direito também estavam piores. Como agravante, eu estava com os dois calcanhares rachados, provavelmente por alguma micose. Assim, após o banho e antes do jantar, no dia anterior, eu realizei a higiene e a assepsia dos pés e fiz alguns curativos.

Em face dessa situação, fui de táxi, por cerca de 6 km à frente, até próximo de El Burgo Ranero, pegando uma carona com o Mário e o Herman, que iriam adiantar umas duas etapas, em função do seu planejamento inicial.

Ao sair do hostal, me despedi do Romeu e da Lourdes, que sairiam um pouco mais tarde, após o café da manhã. Iria encontrá-los alguns dias à frente.

Meu café da manhã foi num local excelente, em El Burgo Ranero. Na Cafeteria El Camino. Pedi um café com leite, onde eu deixaria um donativo por isso, e umas *tostadas*. Eu pagaria por essas *tostadas*, o que fiz com prazer. Estavam macias e uma delícia. Junto com elas, a responsável pelos serviços me acrescentou alguns pedaços de queijo e um biscoito doce. Tudo isso por 2 euros, mais o donativo.

Após o café da manhã, com cuidado, por causa dos pés, segui meu Caminho, concluindo os 21 km restantes da etapa deste dia.

Choveu bastante até Reliegos, onde parei por cerca de 5 minutos antes de avançar. Como estava bem frio, segui com meu *fleece*, meu Anorak[10] e meu chapéu. Tudo para me proteger da chuva e do frio.

Cheguei cedo, cerca de meio-dia, em Mansilla de las Mulas, uma antiga fortaleza romana. Um lugar muito bonito e singular.

Fui para o Albergue Municipal e, na fila dos peregrinos, aguardei o meu registro.

Após me instalar, fui almoçar em um local bem em frente ao albergue. Não tinham o Menu do Peregrino, mas a refeição foi muito boa e não tão cara.

---

10 Jaqueta 100% resistente à chuva, respirável e corta-vento.

Voltei ao albergue, tomei um bom banho e fui conhecer a cidade, sem me afastar muito do local em que estava.

Conheci três brasileiras que tinham feito o Caminho de Santiago no ano anterior. Elas estavam ali encerrando outro Caminho. Creio que o Caminho de Madri ou o Caminho de San Salvador, ou outro que não sei qual é. Iriam para León e depois embarcariam para a Itália, onde iriam fazer a Via Francigena, até Roma, se não estou enganado. Não sei os seus nomes, nem tenho contato com elas. Se alguém puder me ajudar a encontrá-las, eu ficarei muito agradecido.

No Albergue encontrei o meu parceiro do Caminho, já meu amigo, Jack. Um australiano de 84 anos que estava fazendo o caminho sozinho. Encontrei, também, um casal de americanos, o Patrick e a Patricia (Tricia), que saíram de SJPP. Conversei com eles sobre a futura chegada de minha esposa e filhinha, para continuarmos o caminho juntos. Mostrei uma foto delas e eles acharam-nas muito bonitas e felizes. E são, com certeza. E eu sou feliz por tê-las comigo. Quanto ao Jack, o Patrick e a Patricia, se alguém puder me ajudar a encontrá-los, agradeço muito.

Mansilla de las Mulas estava em festa. Era domingo e comemoração do dia da "Virgen de Gracia" (Nossa Senhora das Graças) e encontrei muitas festividades por ali.

Consegui conversar, por App, com minha esposa e com minha filhinha, durante algum tempo e, depois, retornei ao albergue, não antes de fazer um lanche.

Então me preparei para uma boa noite de sono, pois no dia seguinte seguiria para León bem cedo.

EM ALGUM LUGAR ENTRE EL BURGO RANERO E MANSILLA DE LAS MULAS.

14.09.2015 – ETAPA 19 – MANSILLA DE LAS MULAS/LEÓN – 18,1 km

Saí, novamente bem cedo, por volta das 06h20min, antes de o sol nascer.

Carregava um chocolate e água. O meu café da manhã foi, se não estou enganado, em Puente Villarente, cerca de 1 hora e meia depois que saí de Mansilla de las Mulas.

Minha caminhada seria um pouco menor que nos dias anteriores. Eu caminharia 18,1 km neste dia, até León.

O dia estava quente e eu consumia muita água.

Cheguei cedo em León, por volta das 12h30min, e reencontrei o Jack, aquele meu amigo australiano, do qual, lembram-se, eu não tenho nenhuma informação para contatá-lo novamente. Ele buscava informações de como chegar ao albergue, e eu um local para colocar créditos no celular, para eventuais ligações locais, se necessário, pois para uso da internet ainda tinha créditos.

Logo que cheguei à cidade, um agente municipal me ofereceu um mapa de León. O Jack também havia recebido. Procuramos identificar, no mapa, se ele estava na direção correta. Após nos certificarmos de que sim, ele seguiu em frente, enquanto eu procurava um local onde pudesse fazer a recarga do celular. Não foi difícil. Logo coloquei 10 euros de crédito.

Segui até o Albergue Santa María de Carbajal "Benedictinas Carbajalas", onde ficaria. Um excelente albergue, onde fui muito bem recebido pela hospitaleira, que estava lá naquele dia, a Henriqueta Coutada.

Nesse albergue, reencontrei as três brasileiras que tinha conhecido em Mansilla de las Mulas e o Jack. Encontrei, também, vários parceiros do Caminho. Não me lembro se a Heloisa Ribeiro, o Marcos Fracalossi, a Denise e a Maria Tereza estavam no albergue, mas os vi caminhando em León. Identifiquei-os como brasileiros pela camisa da seleção, que o Marcos vestia, e pelas conversas, mas não falei com eles nessa cidade.

Resolvi almoçar no próprio albergue, o qual oferecia um Menu do Peregrino, que foi excelente, acompanhado de pão, vinho e água. Antes, porém, fui tomar um bom banho e cuidar dos pés, que estavam bem melhores, mas mereciam atenção.

Depois do almoço, saí para conhecer a cidade, nas imediações do albergue. Encontrei o Reginaldo e a Quenia um pouco mais tarde, buscando um lugar para se instalarem.

Fui à Catedral e fiz a visitação paga. Procurei conhecer, como de costume, por onde teria que iniciar a caminhada no dia seguinte. Isso ajuda a não se perder e seguir o caminho correto.

De volta ao albergue, descansei um pouco e fui à capela, bem ao lado, onde as freiras iriam fazer as orações vespertinas e onde haveria, também, a bênção dos peregrinos. Eu classifico esse evento como imperdível, independentemente da crença individual ou do local onde se esteja hospedado em León. Meu Caminho ficou muito mais leve depois daí. Na capela, como se fosse uma extensão do Caminho, encontrei alguns amigos e vários parceiros do Caminho.

Após a bênção, comprei um lanche e voltei ao albergue. Fiz meu lanche no refeitório do albergue, juntamente com vários peregrinos. Alguns foram meus parceiros do Caminho por mais algum tempo, outros conheci lá e não me lembro de tê-los visto novamente, como é o caso de um peregrino português, da região do Porto. O Porto, na região norte de Portugal, é a região da família de minha esposa, Jacqueline, e se não estou enganado, também da Henriqueta.

Depois disso tudo, me recolhi para um sono restaurador.

CATEDRAL DE LEÓN.

15.09.2015 — ETAPA 20 —
LEÓN/VILLAR DE MAZARIFE — 20,7 km

Após uma boa noite de sono, me preparei para sair e tomei meu café da manhã no albergue, com pão feito pelas irmãs do monastério. Divino.

Saí, novamente cedo, por volta das 07h10min, mas ainda antes de o sol nascer. Estava chovendo. Uma chuva leve e fina, que molhava bem, mas não durou muito.

Querendo cortar caminho, mudei o itinerário previsto e me perdi, ainda dentro da cidade. Tive que retornar à rota próxima da inicial, desperdiçando tempo e energia. Essa lição veio a confirmar que "a pressa é inimiga da perfeição", ou "que o apressado come cru" ou, principalmente, que é melhor seguir as setas com calma, sem querer cortar caminho, para, simplesmente, não se perder. Tive sorte de encontrar quem me orientasse a retornar ao Caminho das setas amarelas. (Me lembrei do Mágico de Oz.)

E, assim, consegui me localizar e seguir a sinalização, retomando o Caminho.

Meu planejamento foi seguir pela alternativa que leva a Astorga, via Villar de Mazarife, pois me parecia melhor e, de acordo com os guias e os aplicativos que consultei, tinham, essa rota e a outra que é via Villadangos del Páramo, praticamente a mesma extensão. O GPS que utilizei indicou que escolhi o trecho mais longo, mas não me arrependo.

Após cerca de quatro horas caminhando, encontrei com duas peregrinas que tinham iniciado o Caminho em León – a Charlotte, inglesa, e a Carole, neozelandesa. Paramos para lanchar juntos. Meu lanche foi um café com leite, uma *tortilla* e um pedaço de pão.

Nesse local, encontramos um peregrino com seu cachorro, também peregrino, que estavam fazendo o Caminho. Só me lembro de um nome e não me lembro de qual dos dois peregrinos ele é. Diego. Encontrei-os novamente próximo a Foncebadón e em Molinaseca, localidades mais adiante.

Terminei meu lanche e segui para Villar de Mazarife. Eu estava indo para o Albergue San Antonio de Padua, que julguei adequado por ser o santo pelo qual eu tenho devoção. Aprendi com meu pai.

Ao chegar no albergue, senti necessidade de ficar em um quarto individual (*habitación individual*) e, como tinham disponível, me instalei em um quarto só para mim. Poderia espalhar minhas coisas sem me preocupar em incomodar os outros peregrinos. Nesse albergue, esses quartos individuais não dispunham de banheiros privativos; havia um grande banheiro geral e misto, para todos os quartos individuais.

Ao me registrar no albergue, resolvi pedir para lavar e secar minhas roupas, em máquinas apropriadas, e pagar pelo jantar e pelo café da manhã, pois estava chovendo e eu pretendia ficar no albergue e descansar.

Quando estava fazendo meu registro, o Reginaldo e a Quenia chegaram, mas resolveram continuar adiante, até outro albergue, creio eu.

O jantar foi excelente, regado a vinho e água. Um Menu do Peregrino, reforçado, com pratos bem elaborados e uma boa sobremesa. No Jantar encontrei a Rachel, a Noëlle, a Charlote, a Carole, aquela americana que não sei o nome e que eu conheci no Albergue Gite Ultreia, em Saint-Jean-Pied-de-Port, uma italiana, que só vi novamente mais uma vez no Caminho, e outros parceiros do Caminho.

Estava um pouco frio, apesar da época do ano, e a lareira do refeitório estava acesa.

Depois do jantar, arrumei todas as coisas e roupas que eu tinha espalhado pela cama, organizei a mochila, coloquei minha bateria extra para carregar, fiz contato com minha família e fui dormir.

Dormi bem rápido. Estava cansado, mas tive um sono relaxante.

COISAS DO CAMINHO. MUITO COMUM.

16.09.2015 – ETAPA 21 – VILLAR DE MAZARIFE/ASTORGA – 27,9 (35) km

Hoje o café da manhã foi no albergue, por volta das 07h30min. Saí um pouco mais tarde e o dia estava começando a clarear. Alguns poucos pingos do final da chuva e o chão ainda molhado. Estava um pouquinho frio, como em todas as manhãs, mas o dia prometia.

Essa rota alternativa, que tinha a quilometragem estimada até Astorga em 27,9 km, no meu GPS marcou ao todo 35 km.

Nesse dia, no Caminho, reencontrei com a italiana que estava no mesmo albergue em que estive em Villar de Mazarife. Encontrei, também, com vários parceiros do Caminho. Mas eu caminhava só, como nos outros dias.

Em um dado momento, bem à frente do Hospital de Órbigo, resolvi não ir em direção a Santibáñez de Valdeiglesias e seguir ao lado da estrada ("Carretera León – Astorga") em direção a San Justo de la

Vega. Não sei por qual motivo, se querendo cortar caminho ou não, mas isso acabou dificultando um pouco a jornada. Tive que pedir orientação para um casal que encontrei, no acostamento da estrada, fazendo um lanche. Eles moravam na Suíça e estavam a passeio por lá. Tinham parado para comer. O senhor, que era espanhol, me orientou como seguir até San Justo e, seguindo suas instruções, cheguei lá sem grandes problemas.

Alguns quilômetros após San Justo de la Vega, lá estava ela, Astorga.

Caminhei desde avistar a cidade até chegar ao Albergue Siervas de María com chuva. Cheguei molhado por lá, como todos os outros peregrinos.

Após me instalar, por volta das 15h10min, tomei um banho, descansei um pouco e fiz contato com minha família e amigos.

Encontrei alguns parceiros do Caminho no albergue, inclusive uma das brasileiras que tinha conhecido no trecho de Espinal a Zubiri, no segundo dia de caminhada. Não sei seu nome e foi a última vez que a vi. Não me lembro bem das outras pessoas que estavam por lá nesse dia.

Eu estava cansado e faminto. O dia tinha sido bem desgastante e, após o café da manhã, eu apenas tinha lanchado uma vez e já estava há muitas horas sem comer. Mas nesse horário, não há, normalmente, opções para uma refeição. Só após as 19h30min. Teria que esperar, então, até a noite.

Próximo desse horário, saí para jantar e encontrei um bom restaurante perto do albergue. Eu pretendia jantar, voltar ao albergue e dormir. Foi o que fiz.

Nesse dia, me permiti um jantar completo, mais reforçado, quase nababesco, com macarrão, carne e batatas. Regado a muita água, para reidratar, refrigerante, para repor a glicose, vinho, para energizar, e *orujo*, para relaxar. Ainda finalizei com um café expresso.

Após esse jantar, num ambiente simples, mas bem agradável, retornei ao albergue, fiz novamente contato com minha família, conferi minha programação para o dia seguinte e dormi. Estava bem tranquilo.

Pretendia sair cedo no dia seguinte.

PUENTE DE ÓRBIGO.

17.09.2015 – ETAPA 22 – ASTORGA/ RABANAL DEL CAMINO – 20,3 km

Acordei cedo e saí, como de costume, antes do nascer do sol. Eu tinha descansado bem na noite anterior. Estava frio, como em todas as manhãs. Eu carregava um chocolate e água. Meu café da manhã seria no Caminho.

Iria para Rabanal del Camino, a cerca de 20 km de Astorga. Eu tinha escolhido esse local como um ponto para pernoitar, pois queria seguir para a Cruz de Ferro, um dos pontos de destaque do Caminho Francês, no dia seguinte.

Nessa etapa, passaríamos próximo de onde foi encontrado, dias antes, o corpo da peregrina norte-americana Denise Pikka Thiem, que estava desaparecida havia alguns meses e tinha sido morta por um morador da região.

Encontrei, ainda, algum movimento de policiais e helicópteros por ali.

Meu café da manhã foi por volta das 10h00min.

Após o café, segui adiante e encontrei alguns brasileiros de bicicleta, que não me lembro de ter voltado a ver, e outros parceiros do Caminho. Entre esses últimos, eu veria a Elisabeth, se não me engano canadense, e que eu iria reencontrar ainda em mais duas etapas à frente.

Em alguns momentos, uma grande ameaça de chuva, em outros, alguns poucos pingos. Ao fim, nada de chuvas nesta etapa.

Cheguei em Rabanal del Camino por volta das 12h30min e fui, após conhecer a Igreja de San José, para o Albergue El Pilar, onde fiquei.

Logo na entrada, após me registrar e receber o carimbo em minha credencial de peregrino, encontrei meu amigo Lobo (Wolf Schneider) (*in memoriam*), um hospitaleiro excelente, com muita experiência e que conhecia tudo, ou quase tudo, sobre o Caminho e sobre os peregrinos e suas necessidades, angústias e ansiedades. Esse amigo foi mais um anjo que encontrei no Caminho.

Ao me mostrar o albergue, suas instalações e a minha cama, o Lobo percebeu que eu estava mancando um pouco e caminhando com dificuldades. Ele me perguntou se eram bolhas e eu contei como tinha estado com as minhas unhas e com a tendinite. Disse-lhe, também, que eu estava sentindo muitas dores na planta do pé naquele momento.

Foi então que o Lobo me orientou sobre o que eu deveria fazer.

Primeiro, revirando um armário onde havia coisas que os peregrinos deixam no albergue porque não irão mais utilizar, ele pegou quatro absorventes femininos. Depois, pegou minha bota e retirou a palmilha de cada uma delas, para pôr para secar. Ele me orientou então a, no dia seguinte, antes de sair, colocar um absorvente sobre cada palmilha, a fim de absorver o suor dos pés e não encharcar a palmilha, o que manteria sua maciez e, consequentemente, reduziria a dor. Os dois absorventes restantes eu usaria para substituir aqueles em uso, antes de chegar a Santiago. Eu deveria, sempre que chegasse ao albergue, após uma etapa, retirar as palmilhas e pôr para secar.

Deveria, também, manter as meias secas durante a caminhada. Conclusão: mantive essa rotina durante o restante do Caminho e minhas dores na sola dos pés diminuíram significativamente, chegando mesmo a sumir.

Em segundo lugar, o Lobo me orientou a não amarrar demasiadamente apertada a bota, para permitir um pouco mais de respiração aos pés e, sobretudo, não forçar os tornozelos, reduzindo assim a dor e a possibilidade de uma tendinite nessa região.

Santas orientações ou santos conselhos.

Após o banho, lavei minhas roupas e lanchei no próprio albergue. Estava sol, mas ventava muito frio. Isso ajudaria a secar as roupas.

Mais tarde, enquanto esperava as roupas secarem, fiz massagem nos pés e nas costas, com uma profissional que estava atendendo lá e para quem um donativo era a forma de pagamento.

Fui à missa e à bênção dos peregrinos na Igreja de Santa Maria. Mais uma igreja muito antiga e muito bonita. Lá encontrei alguns parceiros e amigos do Caminho.

Após a missa, retornei ao albergue e foi lá que conheci a Heloisa, o Marcos, a Denise e a Maria Tereza. Eu os tinha visto em Mansilla de las Mulas. Eles estavam acompanhados de um casal de canadenses, mas não sei seus nomes.

No albergue, jantei, fiz contato com minha esposa e minha filhinha, conferi minha programação para o dia seguinte e fui dormir.

No dia seguinte iria passar pela Cruz de Ferro e seguir adiante. Minhas pedrinhas estavam bem guardadas, mas fáceis de encontrar. No entanto, eu estava preocupado com a subida até lá e emocionado. Precisava descansar, pois iria sair cedo pela manhã.

NO CAMINHO, PRÓXIMO DE SANTA CATALINA DE SOMOZA, AO FUNDO.

18.09.2015 — ETAPA 23 — RABANAL DEL CAMINO/MOLINASECA — 25,2 km

Acordei cedo e, quando estava me preparando para sair, lá estava o meu anjo, o Lobo (Wolf Schneider) (*in memoriam*) para verificar se eu estava colocando corretamente o absorvente sobre as palmilhas da bota. A seguir, após conferir que estava correto, verificou se eu não estava apertando demasiadamente os cadarços da bota. Após isso, me orientou para que eu caminhasse com cuidado e atenção depois da Cruz de Ferro até Molinaseca. Tratava-se de uma das piores, senão a pior, descida do Caminho.

Saí antes do nascer do sol. Eu tinha descansado bem e estava frio. Meu café da manhã seria, novamente, no Caminho. O bar do albergue ainda estava fechado.

O dia começava a amanhecer, mas ainda estava um pouco escuro, quando, antes das grandes subidas para chegar a Foncebadón (León), ouvi um relincho bem alto e forte de um cavalo à minha frente, mas não vi nenhum cavalo por perto. Mesmo assim, escolhi o lado direito do Caminho e segui adiante atento e com cautela.

Logo após, creio que em menos de um minuto, ouvi o galopar de um cavalo, bem rápido, em minha direção. Quase de imediato, um cavalo de pelo escuro, muito imponente e bonito, passava em grande velocidade ao meu lado, em sentido contrário. Pareceu olhar para mim. Fiquei aliviado por nada ter ocorrido e porque julguei que o "perigo" tinha passado. Mais um ledo engano.

Posso afirmar que o cavalo foi e voltou, passando por mim algumas vezes, mas sempre "avisando", com um relincho, me permitindo buscar um local para me proteger. Ele sempre passava correndo ao meu lado.

Encontrei com a Elisabeth (a canadense com quem ainda não consegui nenhum contato), com o Diego (aquele cachorro que tinha encontrado antes de Villar de Mazarife e que caminhou um pouco ao meu lado, como se me protegesse) e com o seu dono, cujo nome acredito que seja Dimitrius. Não caminhei com eles por mais de 5 minutos.

Num trecho à frente, já numa subida, o cavalo veio um pouco mais devagar, parou bem à minha frente e, como eu tinha me "escondido" atrás de uma pequena árvore, ele me encarou, bufou e seguiu poucos metros adiante, onde parou junto a um casal de peregrinos que não tinha conseguido se proteger. Ficou cara a cara com os dois, bufando, e saiu em galope.

Ouvi ainda por algumas vezes o relincho, mas só fui ver novamente esse cavalo em Foncebadón, preso e pastando. Não consegui tirar uma boa foto dele. Se alguém tiver uma e puder me enviar, eu agradeço. Bem depois dessa ocorrência é que fui saber da lenda do demônio de Foncebadón. Será que ele, desta vez, veio travestido de cavalo? Não sei, mas, para mim, naquele momento, com certeza anjo não era.

Lá, parei para o café da manhã e, depois de alguns instantes, encontrei com a Heloisa, o Marcos, a Denise, a Maria Tereza (Gollo) e seus amigos canadenses. Saí antes deles, e fui em direção à Cruz de Ferro.

Quando cheguei à Cruz de Ferro, não consegui conter a emoção, por tudo o que esse momento representava. Eu tinha conseguido chegar ali, depois de uma vida cheia de estresse e bem sedentária, depois de julgar que não tinha mais idade para fazer o Caminho de Santiago, depois de me aposentar e completar 60 anos de idade, depois de ter feito uma revascularização cardíaca e implantado uma ponte de safena e uma mamária, ou seja, depois de tudo, eu estava ali. Tudo graças a Deus, ao incentivo de minha esposa, Jacqueline, e filhinha, aos anjos (vou citá-los todos, em outro momento) que me ajudaram, antes e durante o Caminho, e ao meu esforço pessoal. Cheguei.

Logo depois chegaram meus amigos brasileiros e pedi que tirassem uma foto minha.

Deixei ali as pedrinhas que trouxe do Brasil e que representavam muitas questões e problemas que queríamos – eu, minha esposa e minha filhinha – resolver e deixar para trás no Caminho. Fiz uma oração pedindo, também, força, luz e paz para nós, virei as costas e fui embora, sem olhar para trás.

No trecho entre a Cruz de Ferro e Molinaseca, encontrei vários grupos de peregrinos que faziam um trecho do Caminho. Eles descem de um ônibus, caminhavam alguns quilômetros e retornavam ao ônibus mais à frente. São chamados de turisgrinos ou "sem mochila". Eu prefiro chamá-los de pessoas que, não tendo tempo, disposição ou o objetivo de fazer o Caminho de Santiago, fazem alguns trechos curtos, em alguns dias ou num único dia, para conhecer lugares significativos do Caminho, curtir a natureza, refletir e relaxar. Podem não ser peregrinos, mas poderão vir a ser um dia.

Depois da Cruz de Ferro, outro ponto de destaque do Caminho, Manjarín, onde há um Refúgio Templário. Pelo menos é assim que é chamado. Vale a pena parar para conhecer.

Logo à frente, caminhando em direção ao El Acebo, encontrei com o Romeu e com a Lourdes, sua esposa. Nós tínhamos nos conhecido em Bercianos, nos saudamos e seguimos adiante, juntos, visto que todos pretendiam ir até Molinaseca. Equilibramos nossos passos para isso, visto que eles caminhavam bem mais depressa do que eu.

Passamos por Riego de Ambrós e chegamos a Molinaseca por volta das 17h00min.

Tínhamos a informação de que os albergues estavam lotados e, portanto, ficamos no Hotel de Floriana, num quarto preparado para peregrinos, com três beliches (*literas*) e um banheiro privativo. Ficamos apenas eu, o Romeu, a Lourdes e uma peregrina que, creio, era norte-americana. Só a vi quando fui dormir e quando acordamos para sair.

Fui até o Albergue Santa Marina, para onde tinha despachado minha mochila. Paguei uma pequena taxa para retirá-la, visto que eu não ficaria lá.

Voltei ao hotel e fomos, eu, o Romeu e a Lourdes, procurar algum lugar para nos alimentar. Bebi muita água com gás e algumas latinhas de cerveja, e me alimentei com dois pratos de macarronada e muito pão.

Eu, o Romeu e a Lourdes conversamos bastante e aproveitamos para nos conhecer um pouco. Moramos distantes no Brasil.

O Diego e seu tutor, acho que Dimitrius, passaram algumas vezes pela nossa mesa, que ficava do lado de fora do estabelecimento onde nos alimentamos. O Diego ficou conosco por uns minutos enquanto seu tutor buscava um lugar para ficarem. Praticamente todos os lugares estavam lotados e a maioria não aceitava o Diego como hóspede. Tinham procurado um local até alguns quilômetros de distância e voltaram porque não haviam encontrado abrigo. Depois de algum tempo, o (creio que) Dimitrius voltou e disse ter encontrado um local para ficarem, e foram embora. Nunca mais os vi desde então. Não tenho contato e não sei se conseguiram seguir adiante até Santiago de Compostela.

Após nossa refeição e um pequeno passeio na cidade, voltamos ao hotel e nos preparamos para dormir. Um bom banho, contato com minha família e amigos e um descanso merecido. O GPS marcou nesse dia mais quilômetros do que o inicialmente previsto.

Dormi cedo. O dia tinha sido de muito desgaste físico e emocional e ainda tinha muito caminho e muita emoção pela frente, apesar de faltarem "apenas" 215 km até Santiago de Compostela.

EU NA CRUZ DE FERRO.

MARIO SIGNORINI

19.09.2015 – ETAPA 24 – MOLINASECA/ VILLAFRANCA DEL BIERZO – 31,8 km

Acordei cedo, mas saí um pouco depois do Romeu e da Lourdes. Eles também iriam para Villafranca del Bierzo, mas caminhavam mais rápido e iriam na frente. Talvez nos encontrássemos lá. Saí às 07h30min, antes do nascer do sol e sem café da manhã. Apenas com um chocolate e água.

Tudo transcorreu tranquilamente no Caminho até Ponferrada, aonde cheguei por volta das 08h50min.

Tomei meu café da manhã praticamente em frente ao Castelo Templário. Café com leite e torradas. Depois uma água com gás. Comprei mais água para a caminhada. Ela seria longa aquele dia.

Encontrei, no local onde fui tomar café, a Lourdes e o Romeu. Eles caminhavam bem rápido e já estavam saindo quando cheguei. Nós nos despedimos novamente, e eles seguiram o caminho. Não mais os encontrei até o final do meu Caminho. Mantemos contato. Hoje, apenas com a Lourdes, pois o Romeu foi chamado por Deus alguns anos depois de concluir o Caminho de Santiago.

Encontrei, também, alguns parceiros do Caminho e, se não me engano, a Heloisa, a Denise, a Maria Tereza (Gollo) e o Marcos.

Depois do café, fui olhar o castelo mais de perto, mas não fiz a visitação. Ainda estava fechado.

Fui, então, fazer uma oração na Basílica Nuestra Señora de la Encina, pedindo, também, proteção e ajuda para o Caminho. Estava próxima a data em que minha esposa e nossa filhinha chegariam.

Segui adiante passando por lugares lindos, plantações de uvas e igrejas muito ricas e belas.

Dois dedos do meu pé esquerdo, onde as unhas estavam mais roxas, apresentavam inflamação, e eu, no caminho, ao passar em uma farmácia, comprei uns comprimidos de anti-inflamatório, pois aqueles que eu havia utilizado anteriormente já tinham acabado.

Cheguei em Villafranca del Bierzo por volta das 15h55min, com meu GPS marcando 34 km de caminhada e não os 31,8 km previstos. Eu estava bem cansado.

Fui ao Albergue San Nicolas El Real e me registrei. Foi, como que adivinhando o meu pensamento, que o hospitaleiro da recepção, o Manuel, me perguntou se eu queria um quarto individual. Aceitei sem pestanejar. Nem acreditei quando ele me conduziu ao quarto. Super limpo, uma cama bem confortável, TV (que nem liguei) e um banheiro com banheira. Tudo isso só para mim. Adorei. E não foi assim tão caro.

Eu precisava de um bom banho, me alimentar, lavar minhas roupas, me medicar e descansar. Foi o que fiz, quase nessa ordem.

Depois do banho, resolvi não sair e ficar no próprio albergue. Fiz um lanche e bebi bastante água e refrigerante, enquanto esperava para jantar, pois o restaurante ainda não estava aberto.

Pedi ajuda, ao hospitaleiro, para lavar e secar minhas roupas nas máquinas do albergue.

Quando fui levar minhas roupas para lavar, um fato me chamou bastante a atenção. Não que eu não tivesse testemunhado situações de mesma natureza no Caminho, mas não com tamanha intensidade. Vejam, muitas são as pessoas que têm necessidades especiais. Muitas delas precisam de atenção quase exclusiva, pois suas necessidades são enormes, por suas limitações.

Pois bem, presenciei um casal, se não me engano, de italianos, em que a menina não tinha os membros inferiores e me pareceu que também não tinha os superiores. Ela, numa cadeira de rodas especial, e ele, com uma enorme mochila nas costas, conduzia, com maestria, a cadeira com sua companheira de Caminho, com mais uma mochila presa à própria cadeira. Não imaginam a alegria deles em chegar ao albergue e poder ficar ali. Não imaginam a docilidade daquela menina. Eu me contive, para não ter a indelicadeza de chorar.

Reclamar de quê? Eu não tinha como. Deus, sutilmente, me lembrou disso.

Após retornar ao quarto, fiz contato com meu médico, via WhatsApp, solicitando orientação quanto ao uso do anti-inflamatório, pois achei que a indicação do atendente da farmácia estava equivocada. Recebi novas orientações dele.

Tentei um contato com o Romeu e a Lourdes, para ver se estavam por perto. Quem sabe conseguiríamos jantar juntos? Não obtive sucesso naquele momento, só bem mais tarde, quando estávamos nos recolhendo para dormir. Não consegui encontrá-los mais.

Jantei um excelente Menu do Peregrino no albergue e retornei ao quarto.

Conversei com minha esposa e com minha filhinha por um aplicativo de celular, organizei minhas coisas, revi meu planejamento para o próximo dia e dormi.

No dia seguinte andaria bem menos. Iria até Vega de Valcarce, cerca de 16,5 km adiante.

CASTELO TEMPLÁRIO DE PONFERRADA.

20.09.2015 – ETAPA 25 – VILLAFRANCA DEL BIERZO/VEGA DE VALCARCE – 16,5 km

Saí do albergue às 07h40min, ainda escuro, seguindo para Vega de Valcarce, sem café da manhã. Novamente levava comigo apenas um chocolate e água.

Meu café da manhã – café com leite, *tortilla* e pão – foi em Pereje, onde bebi, também, uma água com gás.

Segui adiante, encontrando, de vez em quando, alguns parceiros do Caminho, antigos e novos. Mas, em boa parte do tempo, não avistei ninguém.

Encontrei, em Trabadelo ou em La Portela de Valcarce, não me lembro bem, um casal, creio que de alemães. Eles eram meus parceiros do Caminho há muitas etapas, creio que desde Castrojeriz. Aproveitei para registrar esse nosso momento em uma foto, porém, não sei seus nomes e não tenho nenhuma informação de como contatá-los. Novamente peço ajuda caso alguém os conheça, souber seus nomes e como contatá-los.

Depois segui, praticamente sozinho até Vega de Valcarce, ao albergue municipal, aonde cheguei por volta das 12h10min. Tinha planejado uma etapa mais curta para poder estar descansado na etapa do dia seguinte, O Cebreiro.

Lá encontrei mais um anjo do Caminho, o Chema, o hospitaleiro. Excelente pessoa, muito atencioso e prestativo, que me ajudou muito e me preparou uma salmoura, com água gelada, sal e, se não me engano, vinagre, para aliviar meus pés cansados. Foi um santo remédio. Após cerca de 30 minutos, meus pés estavam "novos", totalmente relaxados.

Tomei um bom banho, aproveitando que, no albergue, naquele momento, por ter chegado cedo, só estávamos eu e um peregrino alemão, o Mark, que eu tinha conhecido em Puente la Reina. O Mark estava com problemas na perna e, por causa disso, já estava no albergue desde o dia anterior. Ele não poderia continuar caminhando. Pelo menos não agora. Por isso, ele tinha decidido ir até Sarria, de táxi, descansar por lá, se recuperar e concluir o Caminho a partir dali. Comentei com ele que eu iria encontrar minha esposa e minha filhinha em Sarria, mas só depois de mais cinco dias, ou seja, no dia 25. Não sei se ele conseguiu se recuperar e terminar seu Caminho. Espero que sim. Espero, também, ter notícias dele.

Depois do banho, fui almoçar bem perto do albergue, bem ao lado do caminho. Mais um Menu do Peregrino, com pão, vinho e água.

Terminando meu almoço, voltei ao albergue e fui descansar um pouco. Lá encontrei o Frederico, um canadense, um parceiro do Caminho, e que estava com problemas no joelho e ia procurar um atendimento médico para decidir se continuava ou não fazendo o Caminho. Deixei, com ele, uns comprimidos do anti-inflamatório que eu tinha comprado no dia anterior.

Ao final da tarde, fui caminhar próximo ao albergue e comprar um lanche para o jantar e para o dia seguinte.

Voltando ao albergue, lanchei, dividindo meu lanche com o Frederico.

Como registro, apenas, eu, o Frederico e outro peregrino tivemos que fazer nosso lanche em pé. Por quê? Porque um grupo de italianos estava sentado na única mesa disponível, apenas conversando ou usando aplicativos de celular, já tendo jantado, sem se preocupar com os demais peregrinos que, mesmo cansados, faziam seu lanche em pé. Tenho origem italiana, assim como meus pais e toda a minha família. Esse não é o problema, nem nunca será. O problema, que julgo importante registrar, e que merece destaque, é a falta de gentileza com os demais peregrinos, independentemente de nacionalidade. É bom nos policiarmos para não agirmos dessa maneira.

Após o lanche, fiz contato com minha família, que estava "quase chegando" para se encontrar comigo, e fui dormir. Precisava descansar para subir a O Cebreiro, no dia seguinte.

Ainda antes de dormir, o Chema foi desejar boa noite a cada peregrino, nos quartos, e se despedir, pois não nos veria no dia seguinte. Sairíamos antes da sua chegada. Ele dizia que os peregrinos eram seus *niños* e vivia para eles (nós). Espero poder reencontrar esse anjo um dia. Como muitos, ele foi mais uma pessoa com a qual eu não registrei nenhuma forma de contatar.

Depois da visita do Chema, fui relaxar e dormir. Estava preocupado com a subida a O Cebreiro e com as dificuldades que poderia enfrentar.

UMA VISÃO DO CAMINHO, VILLAFRANCA DEL BIERZO, AMANHECENDO.

21.09.2015 – ETAPA 26 – VEGA DE VALCARCE/O CEBREIRO – 11,9 km

Saí do albergue por volta das 07h30min, ainda escuro. Segui para O Cebreiro, sem café da manhã. Comi uma banana apenas, que tinha comprado na noite anterior, e levei um chocolate e água.

O dia foi amanhecendo, e eu, preocupado com o que iria acontecer na subida de O Cebreiro, observava atentamente o Caminho.

Cerca de 2,5 km à frente, logo após passar por Ruitelán, encontrei a Rachel, que tinha ficado num albergue ali, e seguimos para O Cebreiro.

Nesse horário, os peregrinos que haviam saído de localidades anteriores a Vega de Valcarce ainda não estavam neste local e alguns dos que haviam dormido em Vega, ou saído um pouco antes, já estavam mais à frente, ao passo que os que haviam saído um pouco depois ainda estavam mais atrás. Portanto, não encontrei muitos parceiros do Caminho enquanto não cheguei ao meu destino.

Em Las Herrerías é possível alugar um cavalo para fazer o trecho até O Cebreiro, o que me chamou a atenção. Percebi, também, que alguns poucos peregrinos tinham decidido fazer isso. Fiquei, então, mais preocupado ainda com a subida, que começava a partir dali.

Em La Faba, cerca de 09h30min, 5 km antes de O Cebreiro, tomei meu café da manhã. Café com leite, *tostadas* e um pedaço de queijo fresco branco, que tem alguma semelhança com o nosso queijo mineiro não curado.

Um pouco antes de La Laguna de Castilla, encontramos com o Reginaldo e a Quênia, que estavam muito bem-preparados para o Caminho. Subiam com muita facilidade. Tiramos uma foto juntos e seguimos adiante. Após isso, nunca mais os alcancei. Terminaram o Caminho uns dias antes de eu chegar a Santiago, com minha família. Mantemos contato até hoje.

Mais adiante, encontrei algumas vacas que estavam descendo pelo caminho, o que me fez parar e deixá-las passar. Em vários pontos do Caminho encontramos animais, desde os Pirineus até próximo a Santiago de Compostela e, obviamente, mesmo não oferecendo perigo, é prudente dar-lhes "prioridade de circulação".

Como a subida era desconhecida e eu não sabia quão mais intensa ela poderia ser, parei no albergue de La Laguna para beber uma água, antes de continuar. No local estavam vários peregrinos.

Logo depois, continuei minha jornada e, às 11h30min, cheguei a O Cebreiro.

Respirei fundo, tirei algumas fotos, fui à igreja e, depois, fui beber uma cerveja para comemorar o feito.

Alguns amigos que já tinham passado por essa etapa do Caminho haviam me falado anteriormente que "quem fez os Pirineus não enfrenta nada mais difícil, no que se refere a subidas, pelo Caminho".

Creio que de certa forma eles têm razão. Obrigado Marco Antônio, Túlio, Mário, Herman e Geraldo.

Fui para o Albergue Municipal e encontrei o Frederico, que iria ficar lá também. Aguardamos, junto a vários outros peregrinos, o albergue abrir; estava quase na hora.

Após me registrar no albergue, retornei para o local onde os peregrinos que chegavam a O Cebreiro tinham que passar. Logo depois, encontrei o Marcos, a Heloisa, a Denise, a Maria Tereza e o casal de canadenses que caminhava com eles. Tiramos algumas fotos juntos, comemoramos a subida e nos despedimos, pois eles seguiriam em frente. Nunca mais os vi, mas mantenho contato, com quase todos, até hoje.

Tirei algumas fotos da região. O Cebreiro é um local muito lindo, mágico e cheio de histórias e lendas. Uma área com muitos séculos de existência e que foi habitada por celtas, romanos e outras civilizações. Teria que ficar muito tempo por lá para conhecer o local e, principalmente, sua história e suas lendas, por exemplo, a do Milagre do Santo Graal no Cebreiro ou do Santo Graal Galego (procurem num buscador, vale a pena).

Antes de voltar ao albergue, encontrei alguns peregrinos de bicicleta, que seguiriam adiante, e um peregrino espanhol, médico, que encontrei dias adiante. Conversei um pouco com todos eles.

No albergue, tomei um bom banho, lavei minhas roupas e coloquei-as para secar. Estava ventando bastante. Tinha que tomar cuidado para não voarem do varal.

Almocei, na Venta Celta, um Menu do Peregrino, com um bom vinho, pão, água e uma sobremesa. Como o local começava a ficar cheio, dois peregrinos coreanos foram colocados na mesma mesa em que eu estava almoçando. Foi excelente. Pudemos "conversar", apesar das dificuldades da língua, e falar sobre nossos caminhos e nossas famílias. O Caminho faz isso conosco.

Depois, comprei umas pequenas lembranças, para minha esposa e minha filhinha, e fui à missa e à bênção dos peregrinos na igreja local. Foi muito emocionante.

Depois da missa, voltei ao albergue e, percebendo que com o vento algumas roupas tinham caído do varal decidi recolher as minhas e organizar a mochila; na sequência, fiz contato com minha família e dormi. Curti cada momento dessa nova conquista de subir até O Cebreiro. Obrigado, meu Deus, por me permitir isso e obrigado a todos que me incentivaram, principalmente minha esposa e minha filhinha.

Tive um sono relaxante. No dia seguinte, Triacastela.

UMA DAS CONSTRUÇÕES CELTAS EM O CEBREIRO.

22.09.2015 – ETAPA 27 –
O CEBREIRO/TRIACASTELA – 21,1 km

Saí do albergue por volta das 07h30min, ainda bem escuro. Tomei meu café da manhã na Venta Celta e segui para Triacastela. O dia estava frio e com muita neblina. Por vezes enfrentava um chuvisco bem gelado.

Em dado momento, ainda antes de Liñares, julguei ter me perdido em meio ao nevoeiro, mas logo consegui me localizar e verifiquei que estava na direção correta.

No Alto de San Roque, diferentemente do que vejo na maior parte das fotos, também não consegui ver a bela vista da paisagem que se descortina lá de cima. Mas a beleza do local e do Monumento ao Peregrino, em meio à neblina, foi recompensadora.

Continuei em direção ao Alto do Poio, passando por Hospital de la Condesa e subindo mais um pouco, até atingir a altitude de 1334 metros. Cerca de 50 metros acima da altitude de O Cebreiro.

Lá, por volta das 10h20min, fiz um lanche, com alguns biscoitos e café com leite. Depois, tomei uma água com gás com bastante gelo e continuei minha caminhada.

Nas imediações de Fonfría, menos de uma hora à frente, um cachorro latia muito forte, impedindo que dois peregrinos orientais seguissem o caminho. Cheguei perto e percebi que o cachorro não tinha a mínima intenção de deixar-nos passar. Qual seria o motivo? Fiz uma analogia com nossas vidas. Por vezes alguém que não te conhece te impede de seguir adiante. Por quê? Seria esse cachorro algum seguidor do "demônio" de Foncebadón? Creio que não. Ele deveria estar protegendo alguma coisa, ou a nós, os peregrinos, aos quais ele impediu a passagem.

Desviei, então, para a *carretera* que existia quase ao lado do caminho, e segui por ela até cerca de 600 metros à frente, quando consegui retornar ao Caminho.

Logo depois avistei o Frederico caminhando à minha frente, mas não consegui falar com ele. Nesse dia, não encontrei muitos parceiros do Caminho, nem outros amigos.

Lembram-se do cachorro? Mais adiante, encontrei com vários animais no Caminho, mas que, assim como em outras ocasiões, me permitiram seguir adiante sem problemas.

Como fazia em várias ocasiões, fiz contato, via WhatsApp, com minha irmã Nair e com meu amigo Thiago, que é *personal trainer*, dono de academia (Studio Saúde) e que muito me ajudou no meu preparo físico para fazer o Caminho. Os dois também me incentivavam quase que diariamente.

Cheguei em Triacastela, aproximadamente às 13h00min e segui para a Casa Olga, uma pensão que meus amigos, Hermes e Mário, tinham reservado para mim dias antes.

Almocei não muito distante dali, um bom Menu do Peregrino, e fui conhecer as redondezas.

Encontrei com a minha amiga Elisabeth, com quem, como falei antes, infelizmente não tenho mais nenhum contato. Continuo pedindo que alguém que porventura a conheça me passe informações de como contatá-la.

A Elisabeth estava triste pois estava com tendinite, teria que parar de caminhar por um dia e não poderia mais carregar a sua mochila. Teria que terminar o Caminho sem ela. Conversamos alguns minutos e acho que consegui animá-la um pouco. Disse-lhe que, conforme tinha ouvido do meu amigo Esio, e o que era também (e é) a minha opinião, ela, afinal, é que estava fazendo o Caminho, e não a sua mochila. Rimos um pouco e ela se foi. Nunca mais a vi.

Mais tarde, voltei à pensão, organizei minhas coisas, tomei um bom banho e analisei o meu planejamento para o dia seguinte, afinal minha esposa e minha filhinha já estavam quase chegando e eu estava indo para Sarria, para encontrá-las. Fiz contato com elas e fui dormir. A expectativa de encontrá-las, em breve, era muito grande.

SAINDO DE O CEBREIRO COM MUITA NEBLINA.

23.09.2015 – ETAPA 28 – TRIACASTELA/SARRIA – 18,3 km

Neste dia, acordei bem mais feliz. Minha esposa Jacqueline e minha filhinha, então com 8 anos, estariam embarcando, do Brasil, com destino à Espanha. Íamos terminar o Caminho juntos, percorrendo os últimos 120 km, aproximadamente.

Tomei meu café da manhã na Casa Olga, feito com muito carinho pela proprietária, com *tostadas*, café com leite e biscoitos.

Saí, por volta das 07h15min, em direção a Sarria, onde eu já tinha reservado um hotel, antes mesmo de sair de minha casa. Iria esperar lá, por um dia, minha esposa e nossa filhinha, que logo chegariam.

Pelas informações que eu tinha recebido do meu amigo Geraldo, que tinha terminado o Caminho um pouco antes do meu embarque para a Espanha, eu seguiria por San Xil, e não por Samos. Tinha que prestar atenção para pegar a variante correta e não errar.

O dia, quando saí de Triacastela, estava um pouco encoberto, não fazia calor e tinha neblina em alguns pontos. Mas, à medida que amanhecia, a neblina foi desaparecendo e o calor, aumentando. O que já era esperado.

Posso dizer que o calor não deu trégua até a chegada em Sarria, por volta das 12h45min.

Bebi muita água na caminhada e parei uma vez para um lanche.

Não encontrei nenhum amigo ou parceiro do Caminho nessa etapa, mas encontrei dois casais de espanhóis que já tinha visto em O Cebreiro. Na entrada de Sarria, encontrei novamente com um deles, depois nunca mais os vi.

Cheguei no Hotel Oca Villa de Sarria, onde iria ficar, bastante cansado, por causa do calor que fazia.

Tomei um bom banho e fui almoçar. Um Menu do Peregrino, como sempre, com um bom vinho, água e pão.

Saindo do restaurante, fui a um supermercado para comprar algum lanche para a noite e bastante água.

Voltei ao hotel e, como eu estava com uma unha do meu pé esquerdo novamente com pus, fiz a drenagem e a assepsia, aplicando em seguida um curativo, a fim de proteger o local.

Nesse dia não pude mais fazer contato com minha esposa e minha filhinha. Elas já tinham embarcado e estavam em voo para a Espanha. No dia seguinte nos encontraríamos.

Dormi ansioso para encontrá-las.

UMA DAS MUITAS ÁRVORES CENTENÁRIAS
DO CAMINHO, PRÓXIMO DE SARRIA.

24.09.2015 – DIA DE DESCANSO, PARA MIM

Neste dia acordei um pouco mais tarde, pois não iria caminhar. Ficaria esperando minha esposa, Jacqueline, e minha filhinha, Sofia, que chegariam do Brasil.

Tomei meu café da manhã no próprio Hotel Oca Villa de Sarria, onde estava hospedado. O valor não estava incluído na diária, mas não era tão diferente dos valores pagos em outros locais, porém, neste estabelecimento, eu ainda podia desfrutar das mesmas delícias acrescidas de ovos, frios, sucos e outros itens.

Após o café da manhã, fiquei todo o tempo aguardando a chegada delas no hotel, o que ocorreria por volta das 14h30min.

A programação era que chegassem em Madri, vindo de São Paulo, por volta das 06h10min da manhã (hora local). Depois, passando pela imigração, pegariam um voo de conexão para Santiago de Compostela. De lá, com um táxi já previamente agendado, desde o Brasil, viriam para Sarria, a uma distância de cerca de 120 km.

Ficaríamos sem contato até a chegada delas em Sarria, salvo se conseguissem acesso em uma rede wi-fi, em algum local, ou se minha esposa encontrasse um chip (*tarjeta*) para comprar. Mas isso não ocorreu.

Fiquei quase o tempo todo na recepção do hotel, aguardando-as, até que chegaram. Quando vi um táxi parando do outro lado da rua, em frente ao hotel, fui logo para lá. Sabia que eram elas. Estávamos com muita saudade. Nunca tínhamos estado tanto tempo longe uns dos outros. Nos abraçamos demoradamente. Muita emoção.

Depois deixamos a bagagem, que iríamos organizar mais tarde, no quarto e fomos almoçar. Pelo horário não sabíamos se teríamos que esperar o jantar, em virtude da hora da *siesta*.

Almoçamos o nosso primeiro Menu do Peregrino juntos, regado a um bom vinho para nós, adultos, e um refrigerante e água para a nossa filha. Seria uma amostra do que encontrariam, como refeição, no Caminho. Excelente almoço!

Fomos ao supermercado e a uma loja de equipamentos para peregrinos, após o almoço, para comprar algumas coisas que ainda faltavam para elas, como bastões para caminhada e chapéus, bem como algum lanche para o dia seguinte. Minha esposa não quis comprar bastões de caminhada para ela. Disse que encontraria um cajado no Caminho, o que realmente ocorreu.

Após essas compras, voltamos ao hotel, para que pudessem descansar da viagem.

Mais ao final do dia, passamos a organizar suas mochilas e a colocar o restante da bagagem numa mala que despacharíamos para o hotel em que ficaríamos em Santiago, por mais de um dia.

Preparamos, com a ajuda da recepcionista do hotel, o despacho dessa mala, bem como, a reserva de pensões ou albergues em cada etapa que faríamos nos próximos dias. Pensando em minha filhinha, não pretendia correr o risco de não encontrar vagas em algum dos locais onde planejamos dormir nas etapas seguintes. Conseguimos efetuar as reservas que ainda faltavam e preparar o despacho da mala. Não tivemos problemas, com essa logística, até Santiago de Compostela.

Para descansar da viagem e nos preparar para a caminhada no dia seguinte, fomos dormir. Teríamos cerca de 120 km pela frente. Eu estava muito feliz, mas um pouco preocupado sobre como elas iriam reagir à caminhada.

MINHA ESPOSA, JACQUELINE, NOSSA FILHA, SOFIA, COM SUA BONECA, E EU NO HOTEL EM SARRIA.

25.09.2015 – ETAPA 30 – SARRIA/PORTOMARÍN – 22,4 km

Não acordamos cedo e tomamos o café da manhã no hotel, bem completo, se comparado aos outros dias do Caminho.

Saímos por volta das 10h50min no sentido de Portomarín. Seria o primeiro dia de caminhada de minha esposa, Jacqueline, e nossa filhinha. Iríamos com calma e sem forçar o ritmo.

Paramos algumas vezes para descansar e seguimos em frente. Nesse dia, não encontrei meus parceiros do Caminho ou os amigos, pois, provavelmente, já estavam à frente. Eu tinha parado um dia.

Próximo do marco dos 100 km (faltantes), aquele que não era o verdadeiro e que não existe mais, eu, que estava cerca de 500 metros mais adiante da minha esposa e filhinha, parei para aguardá-las e conversei com alguns peregrinos que por ali passavam. Elas estavam demorando, quando eu, já pensando em retornar, avistei-as. Tiramos uma foto no local e, só então, fiquei sabendo que elas tinham caminhado por um desvio, até perceberem e retornarem. Caminharam cerca de um quilômetro a mais.

Um pouco mais adiante, encontramos o verdadeiro marco dos 100 km, que foi substituído atualmente. Tiramos fotos e seguimos em frente.

Apreciamos o Caminho e a paisagem. O dia estava lindo, poucas vezes nublado e um pouco quente, depois do meio-dia.

Estávamos em Portomarín, por volta das 18h30min, na Pensión El Caminante, já reservada para nós pelos amigos Mário e Hermes.

Ao chegar lá, pegamos nossas mochilas, que tínhamos despachado, e fomos para o nosso quarto. Três camas e um bom banheiro.

Ao abrir minha mochila, encontrei algumas coisas diferentes e julguei que ela poderia ter sido "violada". Em seguida, descobri que, apesar de ser idêntica à minha, era a mochila de outro peregrino. E deveria ser brasileiro, pois a mochila era fabricada no Brasil. Coloquei novamente as coisas dentro dela e fui devolvê-la ao local onde a encontrei. Lá (eureca!), estava a minha mochila e a substituí pela outra. Retornei ao quarto, agora com minha mochila, e fui tomar meu banho e me preparar para o nosso jantar.

Fomos ao bar e restaurante da pensão e escolhemos nossa refeição, um Menu do Peregrino, muito bem-preparado e bem gostoso.

No restaurante, reencontrei a Zaane, a brasileira que caminhava com a irmã e que eu tinha conhecido no caminho para Puente la Reina, quando eu estava com o Padre Xico, e que me ajudou no problema dos meus dedos e unhas dos pés com um escalda-pés lá no Albergue dos Padres Reparadores.

Conversamos, apresentei minha família para ela e perguntei sobre a sua irmã. Ficamos sabendo que ela estava com problemas nos tendões dos pés e descansando. Minha esposa voltou ao nosso quarto e pegou anti-inflamatório para que a Zaane pudesse dar para a sua irmã. Depois de nos despedirmos, não nos encontramos mais no Caminho, mas sei que ambas o concluíram, juntas.

Enquanto jantávamos, dois outros peregrinos, brasileiros, chegaram para jantar e conversaram com o pessoal da pensão sobre uma mochila que estava desaparecida e tinha sido encontrada. Tive certeza de que eles estavam falando sobre a mochila que eu tinha pego por engano.

Eu me apresentei e contei sobre o ocorrido. Rimos bastante e, da situação, ficou apenas mais uma boa lembrança. Voltamos a nos encontrar outras vezes com esses dois peregrinos, o Luis e o Benedito, até chegarmos a Santiago de Compostela.

Após o jantar, fomos organizar nossas coisas, rever nosso planejamento para o dia seguinte e dormir. Nossa jornada, nesse dia, seria até Palas de Rei.

NÓS NO MARCO DOS 100 km FALTANTES ATÉ SANTIAGO DE COMPOSTELA.

26.09.2015 – ETAPA 31 – PORTOMARÍN/PALAS DE REI – 25 km

Novamente não acordamos muito cedo e tomamos o café da manhã no bar da pensão em que estávamos.

Saímos por volta das 08h20min, indo para Palas de Rei.

O dia estava nublado, um pouco frio e com neblina. O sol mesmo só apareceu próximo das 13h00min.

Para manter um ritmo mais adequado à nossa filhinha, parávamos algumas vezes para descansar e seguíamos em frente, como no dia anterior.

Paramos para lanchar, quase almoçar, entre Gonzar e Hospital da Cruz. Nossa filhinha aproveitou para saborear um pratinho básico de *huevos con bacon* e fritas. Uma delícia de que ela se lembra até hoje. Saudade!

Após esse intervalo mais demorado, seguimos adiante apreciando o Caminho e a paisagem.

Encontramos novos parceiros do Caminho. Muitos, desde ontem, admirados com o fato de nossa filhinha estar fazendo o Caminho, sempre perguntando sua idade. Orávamos constantemente para a proteção dela.

Ela estava sendo, constantemente, observada pelos peregrinos, a distância, o que nos dava um pouco mais de tranquilidade, apesar de que ela nunca estava só, nem muito distante de um de nós dois. Porém, sabíamos que poderíamos contar com a ajuda dos nossos novos parceiros do Caminho, se necessário.

Estávamos em Palas de Rei por volta das 17h00min, na Pensión Guntina, já reservada para nós pelos amigos Marco Antônio e Túlio.

Lá, lavamos nossas roupas e colocamos para secar na parte superior do prédio. A dificuldade era subir todos os lances de escada, após a caminhada, e com os pés doloridos.

Sim, meus pés já começavam a dar sinal de problemas novamente, bem como as unhas e o pus em uma delas. Dessa vez, também, senti muita dor no peito do pé direito. No banho, procurei fazer um pequeno escalda-pés, para aliviar a dor, e cuidei um pouco mais das palmilhas das botas. Mas, mesmo tomando um relaxante muscular, essa dor me acompanhou até Santiago.

Após cuidarmos das nossas roupas e de nós mesmos, fomos a um restaurante próximo da pensão e jantamos um Menu do Peregrino muito bem-preparado, com um bom vinho, pão, água, suco para a nossa filhinha e sobremesa. Tudo muito gostoso.

Já quase ao final do nosso jantar, o Luis e o Benedito entraram no restaurante para fazer sua refeição. Não muito tempo depois, quando estávamos para sair, o Luis, que não estava se sentindo bem, foi descansar no albergue em que eles estavam. Não nos falamos mais nesse dia.

Retornamos à pensão e nos preparamos para dormir. Antes, porém, organizamos nossa próxima etapa.

O quarto, com banheiro privativo, estava com uns odores não muito agradáveis, o que acabou prejudicando um pouco o nosso descanso.

Nossa jornada do dia seguinte seria até Ribadiso da Baixo.

NOSSAS SOMBRAS NO CAMINHO. FOTO MUITO COMUM ENTRE OS PEREGRINOS.

27.09.2015 – ETAPA 32 – PALAS DE REI/ RIBADISO DA BAIXO – 25,8 km

Não acordamos muito cedo e tomamos o café da manhã num bar próximo da pensão em que estávamos.

Encontramos o Luis e o Benedito, que foram até ali para entregar-me um tubo de pomada anti-inflamatória e bactericida para que eu passasse nas unhas do pé. Insisti para que deixassem eu retirar apenas um pouco da pomada para mim, mas eles não me permitiram fazer isso, me informando que eu poderia ficar com aquele tubo, pois tinham mais do que um. Agradeci então e fiquei com ele.

O Luis já estava bem. No dia anterior ele tinha tido apenas uma indisposição gástrica.

Saímos por volta das 09h10min, indo para Ribadiso da Baixo.

O dia estava um pouco nublado e levemente frio até próximo das 13h00min, quando o sol apareceu e começou a esquentar.

Da mesma forma que nos dias anteriores, parávamos algumas vezes para descansar e seguíamos em frente.

Nosso lanche, quase almoço, foi, não me lembro bem, entre O Coto e a chegada em Melide, por volta das 13h30min.

Caminhando, sempre seguíamos nos divertindo e apreciando a paisagem.

Encontramos novos parceiros do Caminho. Encontramos, também, uma brasileira e um brasileiro que conversaram conosco e nos acompanharam por algumas centenas de metros. Mas nunca mais os vimos. Encontramos, também, o Dan, canadense, que eu tinha conhecido há vários dias.

A atenção e a admiração dos peregrinos para com a nossa filhinha, por estar fazendo o Caminho, era constante e, nós, os pais, ficávamos orgulhosos e permanecíamos sempre orando pela sua proteção.

Em Ribadiso, ficamos no Albergue Los Caminantes, o qual a Fátima, recepcionista do hotel em Sarria, tinha nos ajudado a reservar.

Lá, nossa filhinha adorou as *literas*. Nunca tinha dormido em um beliche e foi logo para a cama de cima. Escolhemos esse albergue para proporcionar-lhe a experiência de ficar em um local com um banheiro coletivo e misto. Não existiam ali quartos com banheiro privativo. Ficamos em um quarto com dois beliches, mas sem banheiro privativo. Só nós três estávamos no quarto.

Nesse albergue reencontrei a Noëlle, que também seguia para Santiago. No dia seguinte, não sei para qual localidade ela foi.

Jantamos ao lado do albergue, num bom restaurante, que servia bons pratos no Menu do Peregrino.

Após jantar e relaxar, voltamos ao albergue, revisamos nosso planejamento para a próxima etapa e fomos dormir. No dia seguinte, seguiríamos para O Pedrouzo. Faltava pouco agora para chegar em Santiago de Compostela e a ansiedade aumentava muito.

FILHINHA, SOFIA, E EU, CAMINHANDO.

28.09.2015 – ETAPA 33 – RIBADISO DA BAIXO/O PEDROUZO – 22,2 km

Acordamos, como de costume agora, já após o nascer do sol, e tomamos o café da manhã no bar e restaurante onde jantamos no dia anterior, bem ao lado do albergue. Café, leite, *tostadas*, bolo e biscoito.

Saímos por volta das 08h40min, após o café da manhã, para O Pedrouzo.

O dia estava com neblina, um pouco frio e com um leve vento gelado. Mas, já próximo das 10h00min, o sol apareceu, a neblina foi se dissipando e começou a esquentar.

Parávamos, como todos os dias, algumas vezes para descansar e seguirmos em frente.

Encontramos os nossos parceiros do Caminho e, também, o Dan, o canadense.

Nosso lanche, mas também almoço, foi próximo de A Calle, não me lembro bem onde, mas foi por volta das 13h15min.

Lá, no local em que lanchamos, como o mundo é muito pequeno, encontramos um amigo meu que eu não via há cerca de 30 anos. O Milton, que fez a antiga Operação Mauá[11] junto comigo no Paraná, em 1971, e que depois foi meu professor na engenharia. Ele, na época, morava em Tremembé/SP. Estava com sua filha fazendo o Caminho desde SJPP, mas eu não o tinha encontrado ainda. Incrível, não acham? Como nada é por acaso, deve ter um porquê, mas eu ainda não descobri.

Encontramos outros brasileiros, também nesse dia, como o Josival, a Verônica, o Valter e a Nelma. Desses eu só mantenho contato com o Josival atualmente.

Nossa filhinha, pela sua desenvoltura e felicidade, continuava chamando a atenção e despertando a admiração dos peregrinos. E nós, os pais, orgulhosos e sempre orando pela sua proteção.

No mais, seguíamos caminhando, sempre nos divertindo e apreciando a paisagem.

Em O Pedrouzo, ficamos na Pensión Casal de Calma, que a Fátima, recepcionista do hotel em Sarria, também tinha nos ajudado a reservar.

Lá, ficamos num quarto triplo, com um excelente banheiro privativo.

Após nossos banhos, nos deslocamos em busca de um restaurante para nosso jantar.

No caminho encontramos um parquinho infantil que foi a alegria da nossa filhinha. Ela aproveitou bastante.

---

11 A Operação Mauá (OPEMA), instituída pelo Governo Federal através do Decreto 64.918, de 31 de julho de 1969, tinha a finalidade de integrar os universitários na problemática dos transportes, bem como nas questões tecnológicas em geral, em todo o território nacional, por meio de estágios, treinamentos, visitas técnicas, pesquisas etc.

No restaurante, que fica bem em frente ao Albergue Porta de Santiago, encontramos novamente o Milton e a sua filha.

Jantamos, mas não pedimos o Menu do Peregrino, que não me lembro se estava disponível naquele horário, e bebemos água, refrigerante e cerveja.

Após o jantar, com calma, observando o local, voltamos à pensão e fomos dormir.

A ansiedade já era muito grande. No dia seguinte, Santiago de Compostela. Como iríamos reagir? Como eu iria reagir? Como meu coração iria se comportar? Só amanhã, ao final do dia, é que saberíamos.

NÓS, NO MARCO DE 30km. FALTANDO POUCO AGORA.

29.09.2015 – ETAPA 34 – O PEDROUZO/ SANTIAGO DE COMPOSTELA – 20 km

Chegou o grande dia, de O Pedrouzo seguiríamos para Santiago de Compostela.

Acordamos após o nascer do sol e tomamos o café da manhã na própria pensão Casal de Calma. Um bom café da manhã, com café, leite, suco, *tostadas*, bolo e biscoito.

Saímos por volta das 09h00min, após o café da manhã.

O dia estava limpo, ensolarado e prometendo esquentar bastante.

Cerca de uma hora após nossa saída de O Pedrouzo, lá estava ele, bem ao lado, caído no Caminho, esperando para seguir conosco. Quem? O cajado que minha esposa disse que encontraria no Caminho.

Nesse local, em meio às árvores, lá estava caído, no chão, um galho bem grande de uma das árvores. Nele, um galho menor, aguardava ser separado para servir de cajado a quem assim desejasse. Foi então que peguei o meu canivete e cortei-o. Deu bastante trabalho, mas valeu a pena, principalmente pela felicidade que pude proporcionar à minha esposa. Esse antigo galho e posterior cajado, com o qual ela pôde caminhar até a Catedral de Santiago de Compostela, hoje decora a nossa casa.

Após essa tarefa, um pouco cansativa, admito, caminhamos ainda mais felizes, parando algumas vezes para descansar, sempre seguindo em frente com determinação.

Nesse dia, não encontramos os nossos parceiros do Caminho, mas conhecemos outros. Todos sempre compenetrados. Creio ser característica dessa última etapa.

Nosso lanche e almoço foi após contornarmos o Aeroporto de Lavacolla, por volta das 12h45min.

Após essa parada, em que Sofia pôde apreciar, também, um refrescante sorvete, seguimos adiante, com calma.

No Monte do Gozo, em um momento em que eu não estava presente, minha esposa e minha filhinha foram abordadas pelo Marcos, que eu tinha visto pela última vez em O Cebreiro. Ele as tinha reconhecido, lembrando-se das fotos que eu tinha mostrado para ele. Marcos iria ficar no Monte do Gozo, só entrando em Santiago no dia seguinte. Infelizmente não pude mais encontrá-lo por lá, mas mantemos contato.

No Monte do Gozo, foi difícil conter a emoção, principalmente por saber que estava tão perto de realizar o sonho de chegar, caminhando, a Santiago de Compostela. Mais ainda, com minha esposa e com nossa filhinha. Depois de julgar que eu já tinha passado da idade de realizá-lo e de, como sabem, ter feito uma revascularização cardíaca, com uma ponte de safena e uma mamária, estávamos chegando lá. Deus assim nos permitia.

Entramos em Santiago e ainda caminhamos muito até chegarmos à Praça do Obradoiro. Chegamos lá precisamente na Hora do Ângelus, 18h00min, com todos os sinos anunciando o simbolismo de recolhimento e repouso, marcando, para sempre, esse nosso momento. Acredito em sincronicidade. Qual será o motivo de chegarmos lá, nesse preciso momento? Ainda vamos descobrir.

Muita felicidade e muito choro, naquele local em que todos os peregrinos, por vários séculos, se ajoelham, contemplam a Catedral e enchem-se de júbilo.

Após algumas orações e algumas fotos, nos dirigimos à Oficina do Peregrino, em busca da Compostela.

Na Oficina do Peregrino, fomos acolhidos por um voluntário que nos encaminhou para o preenchimento do questionário e a obtenção da Compostela[12] e do Certificado de Distância Percorrida. Este último não é grátis, mas tem um custo de apenas 3 euros.

---

12 Compostela, também chamada erradamente de Compostelana, é o documento que certifica a realização do Caminho de Santiago. Para obtê-la, o peregrino deve cumprir três requisitos: fazer o Caminho por motivos religiosos ou espirituais; ter percorrido qualquer dos Caminhos de Santiago, por, pelo menos, 100 km, seja a pé ou a cavalo, e 200 km no caso de bicicleta; e provar que percorreu essa distância, o que se verifica pelos carimbos na Credencial do Peregrino.

Depois de dar-nos conta de que realmente estávamos em Santiago de Compostela, nos dirigimos ao hotel, onde já tínhamos reserva, desde o Brasil, para ficarmos por uns dias em Santiago.

Ficamos hospedados no excelente Smart Boutique Hotel Literário San Bieito, um hotel bem próximo da catedral e com um conceito, para mim, totalmente novo, no tocante ao café da manhã. O hotel tem um serviço de café da manhã 24 horas. Isso mesmo, a qualquer hora, do dia ou da noite, você pode ir até essa área e desfrutar de um delicioso "café da manhã". E mais, esse serviço já está incluído no valor da diária e você não paga mais nada por isso. Adoramos o hotel, fomos muito bem atendidos e recebemos um tratamento muito atencioso e cordial nos dias em que lá ficamos.

Mesmo com esse serviço disponível e com todo o nosso cansaço, após o banho e uma breve pausa, fomos conhecer a cidade nas imediações do hotel e jantar.

Depois do jantar, um bom descanso. No dia seguinte iríamos à missa dos peregrinos.

Estávamos em Santiago de Compostela. Conseguimos!

UFA! ENFIM, EM FRENTE À CATEDRAL DE SANTIAGO DE COMPOSTELA.

30.09 E 01.10.2015 – SANTIAGO DE COMPOSTELA

Em Santiago de Compostela.

Nestes dias, acordamos sempre um pouco mais tarde, já bem depois do nascer do sol, aproveitando para descansar dos esforços e do cansaço da caminhada. O café da manhã fizemos no próprio hotel, na área destinada ao café 24 horas, com café, leite, suco, pães (inclusive aquele pão bem gostoso, ainda quentinho, vindo da padaria, pela manhã), iogurte, frios, frutas, bolo e biscoito.

No primeiro dia, saímos por volta das 10h00min, após o café da manhã, para conhecer os arredores do hotel e da Catedral, e ir à missa ao meio-dia.

Embora nenhum destes dois dias fosse sexta-feira, ocasião em que ocorre a missa dos peregrinos, com a Cerimônia do "Botafumeiro"[13], fomos premiados com essa cerimônia nas duas missas que fomos.

Imaginem, após ter percorrido o Caminho de Santiago, ir à missa, receber a bênção dos peregrinos e assistir à Cerimônia do Botafumeiro. É indescritível a emoção e muito difícil de segurar as lágrimas, e eu não fiz nenhum esforço para isso. Mais ainda, após a missa, visitar a Tumba do Apóstolo Santiago e abraçar sua imagem. Foi o que fizemos.

Na Catedral de Santiago de Compostela ou nas suas imediações, encontramos com alguns parceiros do Caminho e alguns amigos que fizemos por lá.

Encontramos em um desses dois dias com o Luis, o Benedito, a Mary, a Viviane, o francês que conheci lá atrás e que ficou dois dias em Burgos, a Noëlle, o Milton e sua filha, o Josival, a Verônica, o Valter e a Nelma. Acabamos não encontrando a Zaane e o Marcos por lá, apesar de saber que estavam chegando ou já estavam na cidade, mas mantemos contato com eles até hoje.

Passamos a fazer nossas refeições na Casa Manolo, um excelente restaurante, com um excelente e bem farto Menu do Peregrino. O restaurante é bem próximo do hotel e da catedral, na Praça de Cervantes.

Ainda ficamos mais um dia em Santiago e depois seguimos viagem, antes de retornar ao Brasil.

Esse nosso Caminho chegava ao fim e esperamos, se Deus assim nos permitir, retornar. Fazendo novamente o Caminho Francês ou outro, como o Caminho Português, ou o Aragonês, ou de San Salvador, ou o Primitivo, ou o do Norte, ou outros. E, quem sabe, em breve.

Vou aproveitar para agradecer a todos os parceiros do Caminho, os amigos, inclusive *in memoriam*, e aos anjos, independentemente

---

[13] Botafumeiro, em resumo, é um grande queimador de incenso usado na liturgia eclesiástica em algumas igrejas. Na Catedral de Santiago de Compostela, ele "move-se" a partir da cúpula central da catedral, onde está suspenso, por um sistema de polias, para as naves laterais. Para maiores informações, https://catedraldesantiago.es/liturgia/#botafumeiro.

da sua forma e real existência, que fizeram parte desta nossa jornada e que mencionei nestes meus relatos. A todos os que citei nominalmente e com os quais tenho contato atualmente, ou não, bem como àqueles cujos nomes não citei por não saber. Continuo pedindo ajuda para encontrá-los, a todos.

Além de todos esses, que prefiro não mais mencionar um a um agora, para não correr o risco de incorrer no erro de omitir alguém, também não poderia deixar de agradecer à minha irmã Nair, ao Geraldo dos Santos (*in memoriam*), ao Thiago, proprietário do Studio Saúde, aos demais integrantes da sua equipe (como o Thiago, o Diego, o Léo e o Michel), aos amigos Luis Fernando Paz, ao Tadashi, ao Leonardo Mitidiero, ao Wallace, à D. Daisy (*in memoriam*) e ao Sr. José (*in memoriam*), à Karla, à Débora, ao Fabrício, ao Carlinhos, ao Capitani e à Jane, bem como aos que sempre entravam em contato comigo com palavras de incentivo e textos motivadores. Também gostaria de agradecer ao amigo Diego Davila, por toda a ajuda no meu planejamento e preparação, com seus textos e vídeos, além da constante troca de e-mails comigo nessa fase preliminar da minha viagem, e agradecer ao pessoal da Associação Brasileira dos Amigos do Caminho de Santiago (AACS)[14], que muito me ajudou.

Meu agradecimento, principalmente, à minha esposa Jacqueline, que Deus colocou no Caminho da minha vida, por ser, sempre, a minha grande incentivadora e inspiração, mais ainda nesta caminhada. Por ela ter me "contemplado", também, com essa excelente pessoa, com esse espírito magnífico e tão carismática, alegre, feliz, companheira e extremamente talentosa, nossa filha Sofia. Eu as amo muito.

E a Deus por me agraciar com tantas bênçãos.

---

14 www.caminhodesantiago.org.br

Capitulum huius Almae Apostolicae et Metropolitanae Ecclesiae Compostellanae, sigilli Altaris Beati Iacobi Apostoli custos, ut omnibus Fidelibus et Peregrinis ex toto terrarum Orbe, devotionis affectu vel voti causa, ad limina SANCTI IACOBI, Apostoli Nostri, Hispaniarum Patroni et Tutelaris convenientibus, authenticas visitationis litteras expediat, omnibus et singulis praesentes inspecturis, notum facit: Dnm Marium Signorini hoc sacratissimum templum, perfecto Itinere sive pedibus sive equitando post postrema centum milia metrorum, birota vero post ducenta, pietatis causa, devote visitasse. In quorum fidem praesentes litteras, sigillo eiusdem Sanctae Ecclesiae munitas, ei confert.

Datum Compostellae die 29 mensis Septembris anno Dni 2015

Segundo L. Pérez López
Decanus S.A.M.E. Cathedralis Compostellanae

MINHA COMPOSTELA, RECEBIDA APÓS A CONCLUSÃO DO CAMINHO.

PREPARATIVOS

A seguir, algumas informações importantes relacionadas com o planejamento, os equipamentos, as roupas, a logística, os documentos e os outros itens que fizeram parte dos meus preparativos para realizar o Caminho, sempre visando ser útil para quem pretende ir, ou retornar, ao Caminho de Santiago de Compostela.

ESTUDOS

Como citei, tinha ouvido falar do Caminho de Santiago, pela primeira vez, quando estava fazendo o Mestrado em Engenharia de Produção, na COPPE/UFRJ, na segunda metade da década de 1990.

Naquela época, apenas comecei a ler o livro *O Diário de um Mago*, de Paulo Coelho, mas não terminei. Li apenas alguns capítulos, nada mais. Nem busquei, naquela época, mais informações sobre o que era o Caminho, muito menos como fazê-lo. Precisava, então, estudar um pouco sobre o Caminho. Mas como? Onde?

Quando decidi, então, fazer o Caminho, recorri à internet. Eu não tinha Facebook, nem Instagram, nem nenhuma rede social. Apenas utilizava o WhatsApp.

Pesquisando sobre o Caminho de Santiago, encontrei muitos vídeos, artigos, livros, sites e informações em geral. Comecei a ler quase tudo o que encontrava e a arquivar e registrar muitas informações.

Encontrei relatos de peregrinos, seus vídeos e Associações do Caminho de Santiago. Pesquisei, também, informações fora do Brasil e, principalmente, na Espanha.

Após reunir tantas informações, o que me deixou surpreso, visto que não imaginava encontrar tanto conteúdo disponível, passei a ler, assistir e estudar todo o material disponibilizado pelos peregrinos

Diego Davila[15], que também oferece um curso sobre o Caminho de Santiago, e Oswaldo Buzzo[16], bem como das Associações de Amigos do Caminho de Santiago, de São Paulo[17] e do Rio de Janeiro[18] e, também, do Acácio, do Refúgio Acácio e Orietta[19]. Fiz, também, sempre que possível, contato com eles, por e-mail ou WhatsApp. Todos terrenos muito férteis de informações, possibilitando um bom estudo e muito aprendizado[20].

Depois de muito tempo, já faltando cerca de dois meses para a minha viagem, conheci um peregrino, na minha cidade, o Geraldo dos Santos, que iria fazer o Caminho e que me municiou, também, de várias informações muito úteis à minha preparação.

---

15 Sobre os canais de informação do Diego Davila:
Site: https://www.meucaminhodesantiago.com/
YouTube: https://www.youtube.com/@Meucaminhodesantiago
Instagram: https://www.instagram.com/meucaminhodesantiago/
Facebook: https://www.facebook.com/omeucaminhodesantiago/

16 Sobre os canais de informação do Oswaldo Buzzo:
Site: https://www.oswaldobuzzo.com.br/
YouTube: https://www.youtube.com/watch?v=3jmidQPbsZ8
Instagram: https://www.instagram.com/oswaldo.buzzo/
Facebook: https://www.facebook.com/oswaldo.buzzo

17 Consulte on-line:
Site: https://www.santiago.org.br/
YouTube: https://www.youtube.com/user/Acacssp
Instagram: https://www.instagram.com/acacssp/
Facebook: https://www.facebook.com/acacssaopaulo/

18 Consulte on-line:
Site: https://caminhodesantiago.org.br/
YouTube: https://www.youtube.com/channel/UC-wlTwtY_AJ-bYnW48z-GPg
Instagram: https://www.instagram.com/aacs_brasil/
Facebook: https://www.facebook.com/AACS.Brasil)

19 Consulte on-line:
Site: https://acacioyorietta.com/
YouTube: https://www.youtube.com/@RefugioAcacioOrietta
Instagram: https://www.instagram.com/refugioacacioorietta/
Facebook: https://www.facebook.com/refugio.acacioorietta/

20 Foram essas as fontes (com exceção das do Facebook e Instagram, pois, como citei, não dispunha dessas redes sociais na época) que utilizei para ler, assistir e estudar, me preparando assim para o meu primeiro Caminho. Atualmente, além dessas indispensáveis fontes, há muitas outras disponíveis, tanto na internet em geral, como no YouTube, no Instagram e no Facebook, bastando uma boa pesquisa nessas redes.

De todo esse conhecimento reunido, posso destacar algumas questões muito importantes a cada uma das dimensões do ser humano.

Partindo do pressuposto de que o ser humano é composto de três dimensões – a animal (físico), a racional (conhecimento) e a espiritual (propósito) (note-se, não obrigatoriamente, religiosa) –, busquei elencar questões relacionadas, a meu ver, com essas dimensões.

Seguem, portanto, algumas considerações.

FÍSICO

O Caminho de Santiago de Compostela pode ser realizado a pé, de bicicleta ou a cavalo, caso seu objetivo seja obter a Compostela, na Catedral de Santiago, ao final do Caminho. No meu caso, pretendia fazer o Caminho a pé, portanto, deveria estar preparado fisicamente para isso.

Eu estava frequentando uma academia, com enfoque no treinamento funcional, há cerca de um ano, e poderia, ou não, adaptá-lo ou intensificá-lo. Foi o que eu e o meu treinador, o Thiago (@studiosaude_ss), fizemos. Realizamos alguns ajustes, mas nada muito diferente do meu treinamento rotineiro, aumentando a frequência e, em alguns casos, aplicando maior intensidade.

Não somente em virtude da cirurgia cardíaca que tinha realizado, eu precisaria consultar os médicos e realizar alguns exames antes de viajar e iniciar meu Caminho.

Consultei-me com o cardiologista, com o ortopedista e com o clínico geral e imunologista, que me acompanhavam há muitos anos e continuam me acompanhando até hoje. De todos eles obtive várias orientações, inclusive de eventuais limitações, e receitas de medicamentos importantes que eu deveria levar comigo, tanto os de uso contínuo como eventual.

Acrescentei alguns itens básicos, como: curativos transparentes, compressas de gaze, esparadrapo microporoso, lenços umedecidos, lenço de papel, repelente para mosquitos, protetor solar, pomada Vick VapoRub®, agulha e linha, álcool em gel, pastilhas para garganta, comprimidos para resfriados, gel de arnica, bem como cortador e lixas de unhas e demais itens de higiene pessoal.

A grande preocupação, não apenas em relação a esses itens, é a quantidade, que não deve ser muita, para não acentuar o peso da mochila. Lembre-se: a mochila deve pesar cerca de 10% do seu peso.

Algumas barrinhas de proteína, chocolates, castanhas e água são imprescindíveis para cada etapa do Caminho.

A alimentação depende da característica de cada indivíduo, porém, deve ser suficiente para que o peregrino cumpra a etapa diária. Eu, normalmente, me alimentava no café da manhã, por vezes não tão cedo, e um ou mais lanches durante o deslocamento até o destino que eu tinha definido para aquela etapa. Já no destino, eu "almoçava" e fazia, se sentisse necessidade, um lanche.

Apesar de todas as dificuldades que podem advir de pernoitar num ambiente bem diferente daquele ao qual estamos acostumados, com todos os eventuais ruídos, o sono deve ser reparador e longo o suficiente para que possamos descansar e caminhar no outro dia. Lembre-se: o Caminho consiste, salvo algumas raras exceções, em caminhar todos os dias, em média, 25 km. Protetores auriculares, de ruído, podem ser, e são, muito úteis para os que se incomodam com os roncos. Levei os meus, mas confesso que não os utilizei.

Bem, mas não "só" de preparo físico, medicamentos, itens de higiene, hidratação, alimentação e descanso vive o homem. Nós precisamos estar caminhando com vestimentas adequadas, incluindo calçados, meias, roupas de baixo, calças ou bermudas, camisas, blusas, chapéu ou boné, capa de chuva ou Anorak, saco de dormir, toalha para banho, acondicionados junto a todo o restante já citado, na mochila. Fora isso, o cajado ou bastão de caminhada é absolutamente recomendado para facilitar a caminhada e não prejudicar seus joelhos nas inúmeras subidas e descidas do Caminho.

Quanto à quantidade de roupas (vestidas e também na mochila, ou seja, pesando nas costas), no meu caso, fiz o Caminho com duas calças (uma das quais eu poderia "transformar" em bermuda), três camisas, sendo uma de manga comprida, três roupas de baixo, três pares de meias e dois pares de meias finas, no meu caso de pressão, para utilizar sob a meia de algodão, um *fleece*[21] e um Anorak. Todas as vestimentas devem ser de material de fácil lavagem, secagem rápida e que não precise passar. Não teremos muitas facilidades para isso no Caminho.

CONHECIMENTO

O peregrino terá de caminhar cerca de 800 km, por lugares onde nunca esteve, em locais com outra cultura, na maioria das vezes sozinho, apesar de que, com certeza encontrará muitos outros peregrinos, das mais diversas culturas e localizações, com algumas dificuldades pela topografia dos terrenos e pelo clima, e, portanto, deve buscar adquirir um bom conhecimento sobre o que vai encontrar em sua jornada.

Além de todo o conhecimento que adquiri, citado anteriormente, levei alguns arquivos, no celular, de mapas do Caminho e de guias. Comprei, também, um guia em Saint-Jean-Pied-de-Port. Todos os dias, antes de dormir, planejava a etapa seguinte, com base nesses documentos e num aplicativo que tinha instalado em meu celular. Existem muitos disponíveis atualmente, mas utilizei o Camino Pilgrim, um App para Android com todas as informações básicas, que permite que você prepare cada etapa do seu Caminho. Esse App pode ser utilizado mesmo sem internet e dispõe de um GPS, bem básico, mas que permite que você se oriente. Para iOS, há o Eroski Consumer que dispõe de inúmeras informações úteis, inclusive para o planejamento das etapas do seu Caminho.

A cada dia, a cada instante, além de lembrar-se das coisas mais importantes do seu estudo, de utilizar as informações disponíveis nos Apps, não deixe o seu ego sobressair e abafar a voz dos hospita-

---

21 Casaco de inverno leve, com poder isolante, ideal para proteger do frio da montanha.

leiros, das pessoas que vivem no Caminho, os "nativos", e dos mais experientes. Com certeza isso será bem salutar.

Outra coisa muito importante: você não está fazendo o Caminho competindo com ninguém, nem com você mesmo! Portanto, não deixe seu ego incitá-lo a ir mais rápido, queimar etapas ou buscar atalhos. Isso também não é nem um pouco salutar. A chance de não se dar bem é enorme.

PROPÓSITO

Você pode realizar o Caminho de Santiago pelos mais variados propósitos, inclusive o de permitir uma realização do seu ego. Mas, nesse caso, lembre-se de que tudo na vida tem ônus e bônus.

Os propósitos para se fazer o Caminho de Santiago podem ser os mais variados possíveis, desde a satisfação de conhecer, caminhando, um país de leste a oeste, até o Sagrado (ou religioso) de percorrer o mesmo solo dos primeiros peregrinos que iam com o objetivo de orar na tumba do apóstolo Tiago, ou nada disso; mas, lembre-se sempre de admirar a paisagem, de respirar novos ares, de saborear os momentos, de assimilar o conhecimento histórico que se descortina diante dos seus olhos e sentimentos, de sentir o Espírito do Caminho e, principalmente, de aproveitar a oportunidade que Deus está lhe concedendo.

Buen Camino!
Ultreya y Suseya![22]

---

22 *Ultreya y Suseya* é uma saudação, não muito comum hoje em dia, utilizada entre peregrinos, com o objetivo de incentivar e motivar os que seguem rumo a Santiago de Compostela.

COMPLEMENTO

Sempre ouvi a frase, cuja autoria desconheço, de que "para se caminhar duzentas milhas, basta dar o primeiro passo".

Eu diria que, no caso de fazer o Caminho de Santiago de Compostela, o primeiro passo é querer.

Como dizem, o Caminho se inicia quando você começa a pensar nele e nunca termina. O Espírito do Caminho não deixa você se esquecer. É o chamado!

Então, se começou a pensar em fazer o Caminho, independentemente de todas as eventuais, ou reais, dificuldades, defina uma época para fazê-lo. Seja daqui alguns meses ou anos, e comece a se preparar para isso.

Depois, verifique todas as possibilidades físicas e financeiras. Analise quais obstáculos precisam ser vencidos e como pode superá-los. A partir daí, estabeleça um prazo desafiador para equacionar cada dificuldade, se possível. Reveja, se necessário, a época em que pretende fazer o Caminho. Vá se preparando física e financeiramente para realizá-lo. E continue estudando e planejando o seu Caminho, que poderá ser completo (800 km) ou menor.

Na medida do possível, vá comprando as vestimentas e os equipamentos necessários.

Quando estiver preparado fisicamente para fazer o Caminho e tiver comprado uma parte das vestimentas e dos equipamentos, estabeleça uma data, próxima, para iniciar o Caminho.

Faça os ajustes finais e compre as passagens.

Então, você, em breve, estará realizando esse seu sonho!

CUSTOS

Além das passagens aéreas, deslocamentos até o local onde irá iniciar seu Caminho e vestimentas e equipamentos, os gastos com albergues, café da manhã e refeições ficaram em média, no meu caso, cerca de 35 euros por dia. Atualmente, após a pandemia, esses valores tiveram um acréscimo de cerca de 40%, ou seja, aproximadamente 50 euros por dia. Esses valores podem ser reduzidos ou majorados, a depender das suas escolhas com alimentação e hospedagem.

E não se esqueça: na maior parte da jornada, passamos por pequenas localidades onde você só consegue pagar suas despesas com dinheiro em espécie, em notas de pequeno valor ou com cartões de débito. Reserve o cartão de crédito e notas de maior valor para as maiores cidades, nas quais é possível, caso prefira, retirar dinheiro em espécie em caixas eletrônicos.

DEPOIS DO CAMINHO

Posso afirmar que o Caminho de Santiago não termina nunca. Você nunca mais o esquecerá e jamais deixará de relembrar, diariamente, de todos os sentimentos e desafios que ele lhe proporcionou. O Caminho, também, permite conhecer inúmeras pessoas de diferentes locais, países e culturas, além de nos proporcionar inúmeras amizades.

Após retornar desse meu primeiro Caminho, iniciei meu aprendizado com o uso das redes sociais e criei a página no Facebook "Pelo Caminho de Santiago de Compostela"[23].

Conheci inúmeros outros peregrinos participando de grupos e curtindo suas páginas no Facebook, seus vídeos no YouTube e seus sites.

Assisti, também, a vários documentários e filmes sobre o Caminho de Santiago, sempre buscando ampliar minha visão e meus conhecimentos.

Participei de seminários on-line sobre o Caminho de Santiago, sempre organizados pelos peregrinos Orlando Sixto, um dos ex-proprietários do Albergue Sixtos no Caminho, em Santiago de Compostela, e Diego Davila.

Fui convidado pelo Carlos Dias a participar e, juntamente com ele, ser administrador do Grupo "El Camino 2024"[24], no Facebook. Aceitei e procuro ajudá-lo diariamente nessa tarefa.

Fiz, em 2018, com 63 anos de idade, meu segundo Caminho de Santiago. Mas essa é uma outra história.

Buen Camino, siempre!

---

23 https://www.facebook.com/PeloCaminhodeSantiago
24 https://www.facebook.com/groups/978923495510870

FONTE Enra Slab Variable
PAPEL Pólen Natural 80g/m²
IMPRESSÃO Meta